大家
讲述

茅 盾 著　舒 童 编

在生活逆流中

上海三联书店

前言

抗战爆发后，与那个时代辗转迁徙的文人一样，茅盾先后到过香港、新疆、延安、桂林、重庆等地，虽然烽火不断，但是他创作不止，为自己的事业努力奋斗。

在他的这些经历中，有三个片段让人印象深刻——

1935年，茅盾受新疆督办盛世才的邀请，前往新疆支教。其后，盛世才的反共嘴脸逐渐显现，茅盾有被扣押的风险。1939年，盛世才制造杜重远冤案，形势急转直下。第二年4月，茅盾得到母亲去世的消息，以奔丧为名，谋脱身之机，终于得到盛世才的允许。"飞机定于五月五日起飞。五月四日晚，我又接到了盛世才的电话。寒暄过后他突然问道：你的儿子不是在新疆学院读书吗？他是不是不去内地呀？我不禁额头渗出冷汗，镇静了一下马上回答道：督办弄错了，我的儿子去年十二月就退学了，他有病，支持不了紧张的学习，我们正打算这次把他带到内地去好好治一治病哩。电话中沉默了片刻，终于说道：那就去治病罢，明天我为你们送行。"第二天，盛世才亲赴机场为茅盾送行。当飞机离开跑道冲向蓝天的那一刻，望着舷窗外起伏的天山山峦，意识到总算逃出了迪化（乌鲁木齐），茅盾这才如释重负！

太平洋战争爆发后，日军进攻香港，为躲避敌人的搜查，茅盾曾搬家6次。中国共产党决定尽力营救文化名人和民主人士出港。1942年1月9日下午，茅盾夫妇作为第一批撤离人员，换上难民的服装，在香港地下党组织的护送下，沿着事先探好的路线，长途跋涉来到游击区域。为了安全，常常在夜间行路。一天，摸黑走在一座桥上，茅盾忽然听得脑后扑通一声，原来是他身后的孔德沚掉下河里去了！大家立即打开电筒，从桥上向下看，竟深不见底。就在大家觉得事情严重的时候，桥下传来了孔德沚的声音。原来她幸而掉进了河中的淤泥里，身无大碍。

茅盾夫妇到达桂林后，一直找不到安顿的地方。"在旅馆住了半个月，总算找到了一间小房，一榻之外，仅容一方桌；但是，也还是朋友们情让的。……我这小房虽然奇小，我倒也觉得够用。方桌上摆着油盐酱醋的瓶瓶罐罐，就在这些瓶瓶罐罐的旁边，我写了《劫后拾遗》，又写了几十篇杂文，亦写了《霜叶红似二月花》。"

文学家都是有心人，在这些颠沛流离的日子里，茅盾先生记载下了与很多旧雨新知的交往，有些文章是对故人去世后的缅怀。这些人中有张元济、邹韬奋、鲁迅、陈独秀、瞿秋白、叶圣陶、萧红等，他们中有的曾一起奔波在逃难途中，有的身处同一文学阵营，有的一起工作过，有的是革命事业的同道中人。与这些朋友的交往，成为支撑茅盾在逆流生活中一直走下去的一股暖流。

编者
2020 年 1 月

目录

第一辑：鲁迅家的大闸蟹

1921 年 3 月，茅盾与叶圣陶、郑振铎、沈泽民在上海半淞园

为了纪念鲁迅的六十生辰

　　第一次见鲁迅先生，是一九二七年十月[①]，那时我由武汉回上海，而鲁迅亦适由广州来。他租的屋，正和我同在一个弄堂。那时我行动不自由，他和老三[②]到我寓中坐了一回，我却没有到他寓里去，因为知道他那边客多。似乎以后就没有再会面，直到一九三〇年春。

　　记得"十月革命"节的前一天或后一天，上海苏联领事馆招待少数文化人到领事馆去看电影。中国只有五六人，鲁迅和他夫人公子都去。那晚上看了《夏伯阳》[③]（大概是），鲁迅精神很好，喝了一

---

① 据《鲁迅日记》，茅盾与鲁迅第一次见面时间为一九二六年八月三十日。此处系误记。
② 老三：指周建人（1889—1984），字乔峰，生物学家，鲁迅的三弟。
③ 《夏伯阳》：据苏联作家富尔曼诺夫的长篇小说《恰巴耶夫》改编的电影。

两杯"伏特加"。××①喝得很多，几乎有点醉了；但是在电影映完，大家在那下临黄浦江的月台上休息时，××很严肃地对鲁迅说："我觉得你的身体很不好，你应该好好休养一下，到国外去休养。"

"我自己并不觉得什么不对，"鲁迅笑着说，"你从哪里看出来我非好好休养不行呢？"

"我直觉到。我说不上你有什么病，可是我凭直觉，知道你的身体很不行！"

鲁迅以为那人醉了，打算撇开这个话题，然而××很坚持，似乎马上要得一个确定：何时开始治病，到何处去等等，他立即要得一个确定。他并且再三说："你到了外国，一样也做文章，而且对于国际的影响更大！"

那晚上没有结论。但在回去的汽车中，××请鲁迅考虑他的建议，鲁迅也答应了。过了一天，××找我专谈这问题；总结他的意见：他认为鲁迅若不及时出国休养，则能够再活多少年，很成问题；但如果出国休养，则一二十年的寿命有把握；他不能从医理上说鲁迅有什么病，但他凭直觉深信他的体质太不行。他提议到高加索去休养，他要我切切实实和鲁迅谈这问题，劝得他同意。

---

① ××指史沫特莱（A. Smedley, 1892—1950），美国革命女作家、记者。旅居上海时与鲁迅时有往还。著有自传体长篇小说《大地的女儿》和介绍朱德革命经历的报告文学《伟大的道路》等。

1946年春，茅盾与许广平在鲁迅墓地

鲁迅后来也同意了——虽然他说起××的"直觉"时，总幽默地笑着。并且也谈到休养时间，他有机会完成《中国文学史》的著作。但在不再反对之中，鲁迅也表示了如果当真出国，问题却还多得很，恐怕终于是不出去的好——那样的意思。

到那年年底，××说是接洽已妥，具体地来谈怎样走、何时走的时候，鲁迅早已决定还是暂时不出去。有过几次的争论，但鲁迅之意不能回。一九三六年一月内，为这问题争持了好几次，凡知此事者，皆劝过鲁迅，可是鲁迅的意见是：自己不觉得一定有致命之病，倘说是衰弱，则一二年的休养也未必有效，因为是年龄关系；再者，在国外即使吃胖了，回来后一定立即要瘦，而且也许比没有出去时更瘦些；而且一出了国便做哑巴（指他自己未谙俄文而言），也太气闷。于是问题就搁下。

据我所感到，那时文坛上的纠纷，恐怕也是鲁迅不愿出国的一因；那时颇有人在传播他要出国的消息，鲁迅听了很不高兴，曾经幽默地说：他们料我要走，我偏不走，使他们多些不舒服。

记得问题最后的结论是：过了夏天再说，因为即使要出国，也得有准备，而他经手的事倘要结束一下，也不是一二个月可以成。

不幸那年二月尾，鲁迅先生就卧病，这病迁延到了秋季，终于不救。呜呼，天下有些事，若偶然，又若有因，关于鲁迅出国治病这事，其所以终未实现，最大原因不在鲁迅本人"固执"，而在牵连的问题实在太多，况且谁也没有先见之明，他只隔了一个月就发病！

《为了纪念鲁迅的六十生辰》

在鲁迅家吃蟹

在我请准了长假以后，一天，冯雪峰对我说，你既然交了差，我们也应该向鲁迅作一番交代，谈谈这半年的工作情况，和今后的想法。于是就约定一个下午同去鲁迅家。我们刚跨进门，鲁迅就笑着迎上来说：你们来得正好，今天有大闸蟹，你们就留下吃蟹吧。等一会儿三弟也要来。我们也不推让，因为阳澄湖大闸蟹是不容易吃到的。在等候周建人的时候，我们就谈了我请长假写小说的事，以及"左联"的一些工作。冯雪峰谈了正在起草的"左联"决议《中国无产阶级革命文学的新任务》的内容。鲁迅对于我的摆脱杂务专写小说十分赞同，他说：在夏天就听说你有一个规模庞大的长篇小说要写了。现在的左翼文艺，只靠发宣言是压不倒敌人的，要靠我们的作家写出点实实在在的东西来。后来话题转到了时局。鲁迅问雪峰：老蒋八九月份在江西又吃了个败仗之后，现在有什么动静？（按：中央红军粉碎蒋介石第三次围剿胜利的消息，我们在九月底就听到了。）雪峰说：今年老蒋对中央苏区接连发动了三次围攻，都败得很惨，看来今冬不会再有行动了，明年春天会有大战。鲁迅笑道：他们在报纸上天天大喊朱毛如何如何，看来朱毛真把他们吓坏了！他转而问我："朱德、毛泽东你认识吗？我只知南昌暴动有朱德，其他的很不了解。"我说，朱德我也未见过面，只知道他是四川人，军人出身，能打仗。毛泽东倒知道一点，"五卅"运动前就认识了，二六年春在广州还与他共事过，他是我的顶头上司。接着我就把广州那段经历讲了一遍。我说，毛泽东是共产党里的大学问家，博闻强记，谈笑风生；他的夫人杨开慧却相反，是个贤淑腼腆之人，整天不声不响，带着两个孩子。鲁迅笑道，过去只听说毛泽东是搞农民运动的，想不到还是个学者，而且已有了家眷，不知他有多大岁数了？我说大约比我大两三岁。我又笑着说，在广州时，他给我的印象是个白面书生，谁料得到现在竟然能指挥千军万马！这时，周建人也来到了。许广平端出了螃蟹，请我们围桌而坐。她自己则拿了一只螃蟹，到一旁替海婴剥肉去了。

《"左联"前期》

"轻伤不下火线"

　　一九三五年十一月八日苏联十月革命节的下一天，史沫特莱通知我，这天晚上苏联驻上海总领事馆有一个只邀请少数人参加的不公开的酒会，庆祝十月革命节。公开的庆祝酒会十一月七日已举办过了。邀请的人，除了外国朋友，也有几位中国朋友，我和鲁迅也在内。她傍晚来接我。大约下午六时许，史沫特莱坐了一辆出租汽车来了，我们又开车到大陆新村接了鲁迅。那时苏联总领事馆在外白渡桥旁边，可是车子没有开到那里就在一条街上停下了。我们正在奇怪，只见史沫特莱已下车，并且叫我们也下车，把出租汽车打发走了。又领着我们走过了一条街，在街旁的阴暗处停着一辆黑色的小轿车，她就招呼我们上车。原来这是一辆苏联总领事馆的车，司机也是苏联人。我们的车就从总领事馆的后门开进了院子。

　　总领事馆的大厅里已经到了一些客人，有宋庆龄和何香凝，还有一些外国朋友，其中有一对新从澳大利亚来的夫妇。大厅中央有一大餐桌，上面摆满了冷菜、点心、鱼子酱以及各种饮料，大厅四周摆着沙发，大家或坐或站很随便地交谈着，想喝酒或吃点心就自己动手，气氛欢快而融洽。酒会之后还放映了电影。

在酒会快结束时，史沫特莱把我拉到一边，对我说："我们大家都觉得鲁迅有病，脸色不好看。孙夫人也有这个感觉。苏联同志表示如果他愿意到苏联去休养，他们可以安排好一切，而且可以全家都去。我们也认为这是最好的办法。"她又说，转地疗养的事她过去也和鲁迅谈过，但鲁迅不愿意，希望我再同鲁迅谈谈，劝一劝他。

后来宋庆龄先走了，其他客人也分批离开。我和鲁迅仍由史沫特莱送回家。途中，史沫特莱告诉我，这种形式的聚会叫鸡尾酒会。

第二天，我向鲁迅转达了史沫特莱的话，并说这也是我的意见。鲁迅略加思索便回答道："我并不觉得有病，你们多虑了。而且到了苏联，就与中国隔绝了，我又不懂俄文，真要变成聋子瞎子了。"我说："苏联会配备一个翻译专门招呼你的。"鲁迅说："我所谓聋子瞎子还不是指生活方面，是指我对于国内的事情会不很了解了，中国报纸要好几个星期才能见到。"我说："这有办法。我们可以把国内的书刊逐日汇齐交给苏联方面，想法用最快的速度寄给你。你仍然可以写文章寄回来在国内发表。"鲁迅听我这样说，沉吟了一会儿，然后摇着头道："凡事想象是容易的，做起来不会有那么顺利的。"我换了一个话题，又说："你不是说如果有时间的话，打算把《汉文学史》写完吗？到了苏联，这件事情倒有时间办了。"我这句话似乎有点打动了鲁迅，他说："让我再考虑考虑罢，反正要走也不是一两个星期之后就走得成的。"这样我就告辞了。回家后我写了封短信给史沫特莱，大意是：大先生（鲁迅在兄弟中排行老大，我们在背后常以"大先生"称之）的心思有点松动了，过几天我再去试试。

隔了六七天，我又到鲁迅家去。鲁迅不等我开口就说："我再三考虑，还是不去。过去敌人造谣说我拿卢布，前些时候又说我因为左翼文坛内部的纠纷感到为难，躲到青岛去了一个多月，现在如果到苏联去，那么敌人岂不更要大肆造谣了吗？可能要说我是临阵开小差哩！我是偏偏不让他们这样说的，我要继续在这里战斗下去。"鲁迅说这些话时，眼睛看着我，眼光沉着而坚定。我心里想，他大概是下了最后决心。不过我还是说了一句："可是你的健康状况是大家关心的。"鲁迅回答道："疲劳总不免有的，但还不至于像你们所想象的那么衰老多病。不是说'轻伤不下火线'吗？等我觉得实在支持不下去的时候，再谈转地疗养吧！"我觉得我已无能为力，不好再多嘴了。第二天，我写信给史沫特莱："大先生说，'轻伤不下火线'，十分坚决。看来转地疗养之事只好过些时候再说了。"

《一九三五年记事》

鲁迅就医

　　五月中旬的一天，冯雪峰和我谈起鲁迅的健康状况，他说：前天大先生又受了凉，这几天天天有低烧，精神很不好。我就告诉他，从去年秋天起大家就发现鲁迅愈来愈消瘦，并且经常低烧。去年十月革命节，苏联总领事请他全家去苏联疗养，史沫特莱和我劝了他多次，但鲁迅终于还是没有去。史沫特莱对须藤医生的医术不大放心，认为应该请其他医生来复查一下。她有两个朋友，一个美国人，一个德国人，都是肺病专家。她曾向鲁迅建议，请这两位医生来作一次会诊。但鲁迅执意不肯，认为这样做是不信任须藤医生，他不愿做对不起须藤的事。我对冯雪峰说，据我观察，大先生的病不轻，病因很复杂，应该多请几位医生来查一查，再高明的医生也会有错断误诊的时候。你不妨乘大先生目前正在生病的机会，同许先生一起再劝劝他。

　　到了五月三十一日上午，冯雪峰突然派人送来一封急信，上面写：大先生已经同意请医生，最好下午就来，免得时间一久又要反悔。我连忙给史沫特莱打电话，正好她在家中（史平时是很少在家的），她答应马上去找医生，要我下午二时先到鲁迅家中等候，她一定找一个来。

　　不到三点史沫特莱陪着美国人 D 医生来了，她告诉我时间只允许她找到一位。鲁迅的卧室在二楼，上楼以前，D 医生用英语问史沫特莱：病人懂哪种外国语？史答：日语很好，德语不能说，但听得懂。医生又问：英语呢？史答：不懂。医生说：那么我们用英语交谈罢。看来史沫特莱已在车中把鲁迅病重的情形告诉了 D 医生，所以医生不想让鲁迅听到诊断的结果。我们上了楼。鲁迅的卧房朝南有一排窗，窗前摆着一张书桌（鲁迅平时就在上面写作），书桌左边紧挨着窗是一张床，鲁迅就躺在床上。当时卧室内还有许广平和冯雪峰。我担任翻译，把许广平介绍的鲁迅病史以及治疗的经过译成英语。然后 D 医生用听诊器和叩击为鲁迅仔细诊断，足足听了二十分钟。我和史沫特莱站在窗前书桌的一端，面对着鲁迅，D 医生听诊完毕就走到书桌前对我们说：病很严重！史沫特莱忙问：严重到什么程度？ D 医生说：恐怕过不了年！史沫特莱一听这话，眼泪就止不住流了出来，但马上意识到又强忍住了。她问 D 医生：现在怎么办呢？医生说：我也没有什么办法，他的病很复杂，不光是肺病，我现在只是听听敲敲，也不能完全断定。最好找一所设备好的外国医院，开一个病房，借医院的设备，由我再来作详细的检查和治疗。如果病人同意，马上可以办。D 医生先走了，我和史沫特莱送他下楼，在楼下又商量怎样对鲁迅讲。史沫特莱说，可以把 D 医生的诊断和建议告诉鲁迅，但千万不要说得那么严重。史有事也走了。我回到楼上，对鲁迅说：医生讲你的病很复杂，除了肺病还有别的病，他劝你住医院作详细的检查。并把 D 医生的建议讲了一遍。鲁迅笑笑道：你在骗人，医生说的话一定还要严重。我说：没有呀！他说，要不然史沫特莱为什么掉眼泪？这时，我只好瞒到底了，我否认道：史沫特莱没有掉眼泪呀。于是冯雪峰、许广平都来劝鲁迅住院治疗。鲁迅无论如何不肯。他说，你们放心，我知道自己的病，没有什么了不起的。哪里有这样听听敲敲就能断定病情的。我看劝说不会有结果，只得告辞走下楼来。冯雪峰跟了下来，我就把 D 医生说的鲁迅病很严重，恐怕过不了年的话告诉他。雪峰听了也吓了一跳，他说先不要告诉许广平。但他又有点怀疑，为什么就能断定过不了年呢，有那样严重吗？我当初也不大相信。可是过了三天，鲁迅就病得连日记也不能写了。

鲁迅这场大病，到七月初，才渐渐有了好转，但始终没有完全恢复。在病中，我们再三劝他住院，他执意不肯。后来史沫特莱说，起码应该去透视一次肺部，照一张 X 光片。由于须藤医生那里没有 X 光透视设备，鲁迅总算同意了。就由 D 医生去联系医院，作了透视。从照片上看到，鲁迅的两肺基本上已经烂空了。D 医生惊讶地说：这是我所见到的第一个善于抵抗疾病的中国人，普通的人早已应该死掉了，而他竟没有死！

《"左联"的解散和两个口号的论争》

《鲁迅全集》出版始末

鲁迅逝世后，我们就与许广平商量要出版一部最完全的《鲁迅全集》，包括所有未刊印过的著述、日记、书简、墨迹等。当时组成了一个小型的编委会，有蔡元培、周作人、许寿裳、台静农、沈兼士等，我也在其中，并推许广平总其成。鲁迅生前曾手拟《三十年集》总目，把生平著作依年代先后分编为十卷，许广平提出不变动鲁迅手拟的目录，另外再增编译著、书简、日记等续卷若干卷。当时即着手书信的征集，同时与商务印书馆接洽出版事宜。因为《古小说钩沉》和《嵇康集》是鲁迅亲笔楷书的抄本，日记和书简也是鲁迅手迹，希望能影印出版；而大量的影印只有商务能胜任。多亏蔡元培的介绍，商务总算接受了这一光荣任务，并订了契约，但提出了严酷的条件。可是不久上海战争爆发，商务的印刷厂在战区内，影印之议付之虚建，整个计划也就停顿下来。到了鲁迅逝世一周年时，出版全集的事才重新提出，并决定由"鲁迅先生纪念委员会"来担负编辑之责，但实际上编辑工作只有许广平、郑振铎、王任叔等少数几个人在做，因为其他许多人都离开了上海。

一九三八年四月中旬，我在香港收到许广平从上海寄来的信。她说，《鲁迅全集》已经编好，原来与商务印书馆订有出版契约，但现在上海商务总店因工厂焚于战火，不能再承担印刷，要我与商务的香港分店接洽，看他们能不能承印。又说，原订契约包括大量影印，不知香港分店有没有把握。她希望我去见一次蔡元培（蔡当时在香港），请他再帮一次忙，另外还要请蔡元培为全集写一篇"序"。信中附了二份全集的《总目提要》和一封给蔡元培的信。

四月十九日我拜访了蔡元培，他一口答应为全集写"序"和为全集排印事帮忙，并写了一封给商务香港分店经理的信，请我直接找那位经理去交涉。我一看经理的名字——黄访书就笑了，原来他是我的老同事，二十年代他在商务编译所的英文部工作。

后来我就与黄访书为出版《鲁迅全集》交往了几次。他除了在叙旧时十分热情外，一谈到出版全集就哭丧了脸。他说，香港的出版业你不是不知道，除了报纸多，出版书籍是极希罕的，我这个分店虽有一个小印刷所，却没有出几本书，主要是销售上海和内地商务印书馆出版的书。现在这《鲁迅全集》有二十卷，印刷装帧的要求又高，还有那么多的影印件，你说我那小小的印刷所能承担得了吗？实在抱歉，我没有这个胆量。契约是总店订的，还是由总店想办法罢。我写信同许广平商量后，又向黄访书提出，假如不影印而全部排印，香港分店能不能承担？他仍旧摇头。隔了一天，他开了一张假定在香港排印所需费用的细目单来，数目大得吓人。他一项一项地同我计算，证明香港的印刷费比上海高得多。他苦笑道：香港就是这样一个地方，文化落后而文化活动的费用却高得出奇。就算我那小印刷所能够承印，全集在香港出版也是得不偿失的——质量不能保证，经济上也完全不合算。我看他千方百计地推托，也就放弃了努力。

六月初，蔡元培如约把《鲁迅全集》的"序"写好了，并送来法币一百元作为一部全集甲种纪念本的预约款。但是全集的印刷却早已回到了上海，而且也与商务印书馆解除了契约，因为既然不出影印版，也就不必去麻烦商务印书馆了。

《鲁迅全集》最后是由胡愈之主持的复社承担了印刷出版和发行工作。不过排印时要先付排印费，数目还不小。当时打算采取售预约券的办法先收回一部分钱来，但排印工作又不能等钱收到了再开始。这时，大革命时代在武汉十分活跃的黄慕兰已改名黄定慧，她的丈夫是上海《每日译报》的发行人，不过实际上出面活动的是黄定慧，因此，《译报》与上海进步文化界的关系搞得很密切。她知道了出版《鲁迅全集》遇到的困难后，就提出由她来担保向银行开个支付户；这样就解决了排印陆续付款的问题。黄定慧为了全集的出版，还来过香港，和我见过面，叙过旧。

我在看到许广平寄来的全集《总目提要》后，曾去信建议以"鲁迅先生纪念委员会"名义写一《全集发刊缘起》，与《全集总目提要》一起提前刊登在《文艺阵地》上，以扩大宣传。很快许广平把《发刊缘起》寄来了，我作了一些文字上的修改，便登在五月底出版的《文艺阵地》第三期上（这是实际出版的时间，三期《文阵》脱期了）。在这一期上还登出了出版《鲁迅全集》的整版广告。二十卷的《鲁迅全集》在上海朋友们的努力下，以空前的速度在八月份就出齐了。我买了一套精装本，可惜后来在战乱中丢失了。

《在香港编〈文艺阵地〉》

回忆秋白烈士

　　我与秋白相识是在一九二二年，最初只是文字之交。我从他的文章，猜想他是一个博学、思想锐敏、健谈、有幽默感的白面书生。后来，在上海大学第一次见到了他，果然人如其文：高挑身材，苍白的脸，穿一件显得肥大的竹布长衫。那时，他是上海大学教务长兼社会学系主任，我是上海大学中文系的兼课教员。他与郑振铎在北京就是老相识，通过振铎，我与秋白接近也多了，又渐渐觉得，他不只具有文人的气质，而且，主要是政治家。他经常深夜写文章，文思敏捷，但多半是很有煽动力的政论文，用于内部讲演，很少公开发表。间或他也翻译点文艺作品，写点文艺短评，因此，郑振铎就拉他参加了文学研究会；但那时的政治形势，不允许他发挥文学的天才。

　　一九二四年冬，秋白与杨之华结了婚，搬到闸北顺泰里十二号，组织了小家庭，正好住在我家的隔壁（我住在十一号），我们的往来就更频繁了。当时我是商务印书馆的党支部书记，支部会议经常在我家开，秋白代表党中央常来出席。他常与我谈论政局和党内的问题。他很尊敬陈独秀，但不满陈的独断专行。他和我一样对彭述之不满，认为彭浅薄，作风不正，并对陈独秀的信任彭述之有意见。"五卅"惨案发生后，陈独秀主张以发动三罢（罢市、罢工、罢课）来动员群众，制造舆论，压迫帝国主义让步；瞿秋白则认为应该更积极一些。他同我谈话时主张动员大批工人、学生连续到南京路上示威，看英国巡捕敢不敢再开枪。如果竟敢开枪，那就如火上加油，将在全国范围掀起更大规模的反帝爱国怒潮，也将引起全世界人民的广泛同情和声援，对本国政府施加压力。他说他这意见陈独秀不同意。

一九二七年在武汉，我和秋白又有一段交往。我那时担任《汉口民国日报》的总主编。这个报，名义上是国民党湖北省党部的机关报，实权却全部在共产党员手中，社长是董老，总经理是毛泽民，编辑部的编辑除了一个人全部是共产党员。那时董老事忙，无暇顾及这个报的编辑方针，就由中央宣传部领导，当时秋白兼管宣传部，后来彭述之（他是宣传部长）到了武汉，又由彭领导。"四一二"事变后，陈独秀和彭述之多次对我说：《民国日报》太红了，国民党左派有意见，要少登农民运动、工人运动、妇女运动的消息。为此我请示董老，董老说不理他们。我也向秋白讲了，秋白想了想说：我们另办一张报！那时秋白的工作很忙，我除了有重大的消息要找他核实或请示，平时很少见到他。

1929 年，
茅盾与杨贤江夫妇在日本

不过他对于党的喉舌——报纸，始终很关注。因为《汉口民国日报》名义上是国民党的机关报，所以国民党右派、左派都来干涉我的编辑事务，我时常向秋白诉说，因此，他早就有另办一张报纸的想法。他说：共产党的政策要通过国民党的报纸来宣传，本来就不正常，许多话只能讲一半；不如把这个报纸交给国民党左派，抽出我们的同志另办一张党报，堂堂正正地宣传共产党的政策。他主张新的党报仍由我任总编辑，另外由党中央的负责同志组成社论委员会，负责写社论。这件事，秋白很重视，积极筹备，但不久时局迅速逆转，办党报的事终于成了泡影。

一九三〇年夏，秋白和之华从莫斯科回到上海后，听说我也从日本回来了，就要找我。他们用暗号代真名写信交开明书店转我收。秋白改姓何，之华改姓林，还有住址（现在记不起来了）。我和我妻（孔德沚）按地址去访问，才知道他们夫妻是住在一个普通的楼房里，楼上卧室兼书房，楼下算是客厅兼饭堂。我们到楼上闲谈，秋白问了我在日本的生活，又向我介绍了这几年国内的革命形势，他对于我以写小说为职业表示赞同。大约过了一年多，那时王明已经上台，我风闻秋白同志受到了打击，心情不好，就与德沚又去拜访他们。我见秋白瘦了，之华说他的肺病又发作了，但精神仍旧很好。秋白见了我们很高兴，问我在写什么，我说正在写《子夜》，他很有兴趣地问了故事的大概情节。这是一九三二年夏，我刚写了《子夜》的开头几章。我就说，下次把原稿带来再谈罢。过了几天，我带了写好的几章去，从下午一时，他边看边谈，直到六时。谈得最多的是关于农民暴动的一章，写工人的部分也谈了不少。因为《子夜》中写工人罢工有盲动主义的倾向，写农民暴动没有提到土地革命，秋白告诉我，党的政策哪些是成功的，哪些是失败的，建议我据以修改《子夜》中写农民暴动和工人罢工的部分。（关于农民暴动，由于我当时连间接的材料都没有，所以没有按秋白的意见修改，而只是保留了游离于全书之外的第四章。）我们话还没有完，晚饭摆上来了，打算吃过晚饭再谈。不料晚饭刚吃完，秋白就接到通知："娘家有事，速去！"这是党的机关遭到破坏，秋白夫妇必须马上转移的暗语。可是匆促间，他们往哪里去呢？我就带了他们到了我的家里。当时我住在愚园路树德里，二房东是一个宁波商人。这幢房子是三楼三底带厢房，我住在三楼，身份是教书的。秋白夫妇来后，我对二房东说是我的亲戚，来上海治病的，过几天就回家。之华在我家住了一夜，第二天转移到别处去了，秋白则在我家住了一个多星期。在这些日子里，秋白继续同我谈《子夜》。秋白看书极为仔细。《子夜》中吴荪甫坐的轿车，我原来是"福特"牌，秋白说："福特"轿车是普通轿车，吴荪甫那样的资本家该坐"雪铁龙"。又说：大资本家到愤怒极顶而又绝望时就要破坏什么，乃至兽性发作。这两点，我都照改，照加。后来我们还议论了当时文艺界的情形，他对当时尚存在的"左"倾文艺思潮也持批评的态度。秋白还表示，他也想搞文学，写点东西。他也问到鲁迅，原来他还没有和鲁迅见过面，我答应为他们俩介绍。有一天，忽然冯雪峰闯来了，原来他们俩人也不认识，我只好为之介绍。我就考虑，说不定还有什么人闯来，不如让秋白到鲁迅那里去住。鲁迅那时住在北四川路底的一座公寓楼房内，这个公寓住的全是外国人，其中有少数日本人，公寓斜对面就是日本海军陆战队的司令部。因此，一般闲人都不到那公寓里去，比我这里安全得多。我就托雪峰把秋白带到鲁迅家里去，介绍给鲁迅。秋白后来就在鲁迅寓中避难，直到之华探知原来住的地方没有出事，才搬了回去。秋白与鲁迅的交往与友谊从此开始。

　　这以后直到一九三三年底，秋白在上海与鲁迅一起领导了左翼文艺运动。他热心地研究和介绍马克思主义的文艺理论，他也用化名写了不少犀利的杂文直刺国民党反动派及其御用文人。我与他见面时常谈论文艺问题，有时我们也有争论，但多半我为他深湛的见解和实事求是的精神所折服。但是，谈到他自己，他总是十分谦逊。记得那时他写给我和鲁迅的短信中有一次署名"犬耕"。我们不解其意。秋白说：我搞政治，好比使犬耕田，力不胜任的。他进而解释道：这并不是说我不做共产党员，我信仰马克思主义是始终如一的，我做个中央委员，也还可以，但要我担任党的总书记诸如此类的领导全党的工作，那么，就是使犬耕田了。他这番自知之明、自我解剖的话，使我们肃然起敬。

一九三三年末，秋白奉命去中央苏区。临行，向鲁迅辞行，也向我辞行。那次，他谈了很多话，但我总觉得他的心情有点郁悒；也许这是惜别之情，也许是因为不得不离开他喜爱的文艺战线又要走上新的征程。这是我最后一次见到秋白。一年以后，我们得悉秋白被叛徒出卖了；又隔不久，传来了噩耗，得到了秋白高唱《国际歌》从容就义的消息。那一年，秋白才三十七岁！

《回忆秋白烈士》

瞿秋白的文学贡献

那时候（一九三一到三三年），为的敌人的白色恐怖太厉害，秋白很少出来；而我呢，不敢断定自己没有特务钉梢，所以也不便到秋白的住所去。然而，也常在第三者的地方和他会面。记得他有一次对我说：他打算先把高尔基的论文（社会的和文艺的）译完，然后再译其他的苏联文艺理论著作，可是最困难的一件事是材料难得。他这计划后来终于不能实现，这也是我们的一个极大的损失。

我个人在写作方面，得到秋白的教益也不少。我的最早的三部小说（收在《蚀》中间的所谓三部曲），大约在出版后两年，他还和我就这三本书长谈过一次，给了正确的分析和批评，我的一个写得很坏的中篇《三人行》，他写过一篇详细的批评论文①：这些对于我的帮助都很大。《子夜》写成大半后，他曾读了原稿，特别到我家里谈了半天，指出了一些应当改正的缺点，又给我以

---

① 一篇详细的批评论文：指写于一九三二年三月十日的《谈谈〈三人行〉》一文。

鼓励。

　　大约也就在那时候，我曾经向他提议：他应当挤出一点时间来写一部中国文学简史，哪怕是一篇长些的论文也好。因为，不论就社会科学及文学理论的造诣而言，不论就中国旧文学的根柢而言，他都应该"当仁不让"地来担负这个"拓荒"的工作。当时他也颇有一试之意，但是他又实在没有时间来翻阅线装书，写一部有系统的中国文学史——即使是很简略的，因此他打算写些关于中国旧文学的短论。《乱弹》这一篇就是在这样动机下写的。可惜后来没有继续再写。这也是我们一个极大的损失。

　　秋白的文稿，不论是翻译或论文，大都是用青莲色铅笔写在中国竹纸上，衬着复写纸，一写就有双份。笔迹很清晰。这样用复写纸来写文章，我还没看见过第二人。不知道他的原稿现在还有得保存否？如果没有了，那也是将来的革命历史博物馆最大的一个损失了。

《瞿秋白在文学上的贡献
——瞿秋白逝世十四周年纪念》

瞿秋白刻印章

　　一九二三年春，邓中夏到上海大学任总务长（总务长职权是管理全校行政事务），决定设立社会学系、中国文学系、英国文学系和俄国文学系。随后瞿秋白也来了，担任教务长，兼社会学系主任。在一次教务会议上，我遇见瞿秋白。这是我第一次会见瞿秋白。虽属初见，却对他早就有了深刻的印象。这是从郑振铎那里听来的（"五四"时期，郑和秋白同在北京，办过一个周刊），也是因为读了瞿秋白的《新俄国游记》（原名《饿乡纪程》，一九二一年十月完稿，一九二二年作为文学研究会丛书在商务印书馆发行）及《赤都心史》的原稿，感到他的文章极有风趣，善于描写。这两部书的原稿，是瞿秋白尚未回国时由莫斯科寄来的。当时我觉得这两部书的书名是一副对联，可以想见作者的风流潇洒。然而商务印书馆当局却觉得《饿乡纪程》书名不好，改题为《新俄国游记》，便落了俗套了。我还可以讲瞿秋白的一个轶事，以见其为人之幽默。当郑振铎和高君箴结婚仪式之前一日，郑振铎这才发现他的母亲没有现成的图章（照当时文明结婚的仪式，结婚证书上必须盖有主婚人，即双方家长，介绍人及新郎新娘的图章），他就写信请瞿秋白代刻一个。不料秋白的回信却是一张临时写起来的"秋白篆刻润格"，内开：石章每字二元，七日取件；如属急需，限日取件，润格加倍；边款不计字数，概收二元。牙章、晶章、铜章、银章另议。郑振铎一看，知道秋白事忙，不能刻，他知道我也能刻图章，就转求于我。此时已为举行结婚仪式之前夕，我便连夜刻了起来。第二天上午，我把新刻的图章送到郑振铎那里，忽然瞿秋白差人送来一封红纸包，大书"贺仪五十元"。郑振铎正在说："何必送这样重的礼！"我把那纸包打开一看，却是三个图章，一个是郑母的，另两个是郑振铎和高君箴的，郑、高两章合为一对，刻边款"长乐"二字（因为郑、高二人都是福建长乐县人），每章各占一字，这是用意双关的。我一算：润格加倍，边款两元，恰好是五十元。这个玩笑，出人意外，郑振铎和我都忍不住捧腹大笑。自然，我刻的那个图章，就收起来了，瞿秋白的篆刻比我高明十倍。郑、高二人本来打算在证书上签字，不用图章，现在也用了秋白刻的图章。下午举行结婚仪式，瞿秋白来贺喜了，请他讲话，他便用"薛宝钗出闺成大礼"这个题目，讲了又庄严又诙谐的一番话，大意是妇女要解放，恋爱要自由。满堂宾客，有瞠目结舌者，有的鼓掌欢呼。

《文学与政治的交错》

瞿秋白住我家

一九三一年四月下旬，泽民和琴秋要去鄂豫皖苏区了，他们来告别，谈到秋白在四中全会后心情不好，肺病又犯了，现在没有工作；并告诉了我秋白的新住址。于是第二天我和德沚就去看望他们。秋白和之华见了我们很高兴，因为我们有四五个月没有见面了。在叙了家常之后，秋白问我在写什么，我答已写完《路》，现正在写长篇小说，已草成四章，并把前数章的情节告诉他。他听了很感兴趣，又问全书的情节。我说，那就话长了，过几天等我把已写成的几章的原稿带来再详谈罢。过了两天，记得是一个星期日，我带了原稿和各章大纲和德沚又去，时在午后一时。秋白边看原稿，边说他对这几章及整个大纲的意见，直到六时。正谈得热闹，饭摆上来了，打算吃过晚饭再谈。不料晚饭刚吃完，秋白就接到通知：娘家有事，速去。这是党的机关被破坏，秋白夫妇必须马上转移的暗号。可是匆促间，他们往何处转移呢？我们就带了他俩到我家中去。当时我家在愚园路庆云里，住的是三楼厢房。二房东是个商人。我曾对二房东说，我是教书的。现在带了秋白夫妇来，我对二房东说是我的亲戚，来上海治病，不久就要回去。我让孩子睡在地板上，把床让给秋白夫妇睡。之华大概觉得我们太挤了，住了一夜，第二天就转移到别处去了。秋白在我家住了一两个星期。那时天天谈《子夜》。

秋白住在我家中时，我们也谈到当时"左联"的活动情形。他问到鲁迅。原来他还没有和鲁迅见过面。我说：在方便的时候，我和你同去拜访鲁迅。五月初的一天，忽然冯雪峰来了。雪峰是送刚印出的《前哨》来的，原来他也没有见过秋白，我就给他们作了介绍。当时我想，我这个家条件太差了，闯来个生人，秋白连躲的地方都没有，这对他的安全不利。于是我就与冯雪峰商量。我说，鲁迅的家是比较安全的，他住在北四川路底的一个高级公寓里，房子宽敞，住这公寓的大多数是欧洲人或日本人，一般的中国人都不去那里，但秋白与鲁迅从未见过面，贸然而去，是否妥当？雪峰说，这也不是长久之计，他倒有个可靠的去处，他有个朋友叫谢旦如，福建人，谢的父亲已故，是大商人，开过钱庄，家住南市，房子宽敞，秋白住到那里，是绝对安全的。不过先要征得谢旦如的同意，还要做些准备工作。我们与秋白商量，秋白也同意。我们又商定，如果谢旦如同意，就由他在《申报》上登一余房招租的广告，秋白、之华再去承租。又过了几天，之华来了，说他们的旧居，没有被破坏，还是安全的，可以搬回去住。

于是秋白决定搬回去。临走，我对他说，雪峰找的房子如联系好了，还是搬过去，总比这旧居安全。他也同意。不久，雪峰就帮他们搬到南市谢旦如家中去了。

《〈子夜〉写作的前前后后》

编印瞿秋白遗作

在搬往信义村的前一日，我去向鲁迅告别，因为住得远了，往后非紧要的事情只得靠书信来传递了。我们谈了一会，我觉得鲁迅的心情不好，就站起来告辞。鲁迅却拉住我，压低了声音道："秋白被捕了！"我大吃一惊，因为我们总以为秋白是随着红军主力离开中央苏区西进了，莫非他所在的部队给打散了？国民党倒是天天在报上吹嘘江西"剿匪"的胜利。我问："这消息可靠吗？"鲁迅道："他化名给我寄来了一封信，要我设法找铺保营救。看来是在混乱中被捕的，身份尚未暴露。"我又问："之华知道了吗？"鲁迅道："告诉她了，她是干着急。你也知道，这一次上海党组织被破坏得厉害，所有关系都断了，所以之华也没有办法，不然找一个殷实铺保还是容易的。现在要找这样一爿店，又能照我们编的一套话去保释，恐怕难。我想来想去只有自己开它一个铺子。"我沉吟道："就怕远水救不了近渴。还是要靠党方面来想办法。"我们木然对坐,想不出更好的办法。后来鲁迅果然打算筹资开一个铺子,但在尚无头绪之时,国民党的《中央日报》就登出了秋白被捕的消息。他被叛徒出卖了。从报纸上的消息,我们知道秋白未随红军主力西征,而是二月底在福建长汀被捕的。同时被捕的还有两个女的,也就是后来向敌人告密的叛徒。大约又过了一个月,在六月二十日前后,传来了秋白同志高唱《国际歌》从容就义的噩耗。那时,秋白才三十六岁。

秋白牺牲后,就有人提议出纪念集,也有主张出秋白的全集。但只见口说未见行动。我与杨之华(由于党组织遭到破坏,之华那时隐蔽在一个工厂里当女工)、鲁迅也交换过意见。鲁迅说:"人已经不在了,但他的著作、他的思想要传下去,不能泯灭了。这也是我们还活着的人对他的最好纪念。不过,秋白的遗作究竟怎样编印,我还要再想一想,大概只有我们自己来印。"

过了半个来月,鲁迅约我到郑振铎家中去商量编印秋白遗作的事,他说:"我们都是秋白的老朋友,就由我们来带个头罢。秋白这本书,书店老板是不敢出的,我们只能自编自印。自编容易,只要确定个编选范围,明甫兄和我都可以编。自印却需要解决两个难题,一个是经费,书的印刷、装帧必须是第一流的,而印数又不可能多,所以成本一定高,将来书售出了,也许能收回成本,但目前先要垫出钱来。另一个是印刷,要找个肯印刷的地方。"振铎接口道:"经费可以在朋友熟人中间筹集,将来再还,也可以募捐。印刷问题容易解决,找印刷所的事就包在我身上。"

鲁迅说："一些年轻朋友倒是很热心，但他们口袋里没有钱。"我说："秋白当年的老朋友不少，他们现在大抵都有点名望，也拿得出钱，他们虽然不愿出头露面，但暗中帮助是一定肯的。不过也要先估计一下大致的字数、印数及印刷费用。秋白的遗作大概有多少万字？他早期写的政论不少，是不是都要收集进来？这样恐怕字数相当多。先要定出一个编选的范围，然后可以计算出需要多少钱。这件事要听听之华的意见。"鲁迅说："我手头有秋白的一部分手稿，主要是文学著译方面的，政论文章要看之华那里是否保存得有。不过这部分文章恐怕印刷所不敢排印，也没有书贩敢卖。有两部秋白的译稿在杜衡那里，前年拿去的，说是现代书局要出版，稿费也预支过了，却一直扣着不印，这次可以把它赎回来。"又说："我是不赞成出纪念集的，太小气了，出全集还没有这个条件，我的意见还是出选集。至于筹款，范围不要大了，年轻人就不必去惊动他们了。"我说："筹来的款能不能归还，先不要说死，这部书印数少，成本高，弄不好还要倒贴的。"鲁迅点头道："先不说死也好，将来每位捐款人送两套书是一定办得到的。"最后决定，由鲁迅与杨之华商定遗作编选的范围，并由鲁迅负编选的全责。由郑振铎去联系印刷所，等到有了着落，再由振铎出面设一次家宴，把捐款人请来，既作为老朋友聚会对秋白表示悼念，也就此正式议定编印秋白的遗作。捐款人由振铎去选定。我不负具体的责任，只规定我从中协助和促进。另外，我捐了一百元。

郑振铎联系印刷所并不顺利，最后还是通过章锡琛找到了开明书店的美成印刷所。这也有他的难处，因为太小的弄堂印刷所排印不了这样考究的书，而大印刷厂（譬如商务的印刷厂）振铎怕里边的走狗告密。八月六日，振铎在家中设便宴，到十二人，都是当年商务、开明的老同事、老朋友，也是秋白的老朋友，记得有陈望道、叶圣陶、胡愈之、章锡琛、徐调孚、傅东华等。大家回忆起秋白当年的音容笑貌，不免凄然。谈到筹款事，一致推定振铎为收款人，并相约推荐新的捐款人。

九月四日，鲁迅约我去他寓所。我赶到那里已是掌灯时分。鲁迅捧出两大摞原稿放在桌上，用手轻轻拍一拍道："都在这里了。"我估量了一下问道："有一百万字罢？"鲁迅微笑道："也许还不止此数。"又指着原稿道："这一摞是著作，那一摞是译文。当然不全，不过之华已经尽了全力了。现在的问题是究竟怎样编？全部出版恐怕要编四巨册，经费有困难。之华的意思是先出著作，因为这些是秋白的心血结晶，比译文重要。我则认为译文收集得比较全，编选也容易，著作则编集困难甚大，非短时间所能完成，不如先将译著出版，一面继续收集作品，等到将来译文集售出若干，经济可以周转时，再考虑出续集。两种意见，要请你来裁决。"我笑道："裁决不敢当，还是商量个最好的方案。"又说："之华说得有道理，著作与译文不同，著作更重要；不过我还是赞成你的意见。秋白的译文比较单纯，主要是文艺方面的，而他的著作就复杂，大量的是违禁的政论，现在恐怕不是出版的时候。"鲁迅道："我大致翻了一下，有不少文章是讲国共两党的斗争的，收不收进集子，最好由党方面来决定。文艺方面的著作是可以编的，不过还是放到第二步好，作为续编来考虑。"又说："现在既然你同意了我的意见，之华就不会再坚持了，她说过，最后由你和沈先生决定。她不久就要去苏联，已经把编印秋白遗作的事完全托付给我了。"我们又研究了编排的格式。鲁迅主张左开横排，分上下两卷。他说："译文大约有六十万字，一半是文艺论文，一半是小说、散文等，正好分作两册。为了保持原作的本来面目，我主张一字不改，译名也不作统一，甚至原来的笔误也不改动。"我表示赞同。鲁迅又提出书名叫《海上述林》，取述而不作的意思，取得相当古奥；又提议出版具名"诸夏怀霜社"，也很古奥，"诸夏"即中国，"怀"是怀念，"霜"即秋白，因为秋白原名瞿霜，秋白是他的号，这一点一般人是不知道的。最后鲁迅说，他还要把原稿再细看一遍。

到了十一月初，鲁迅把上卷的原稿亲手交给了美成印刷所。美成的动作也很快，十二月初就开始给鲁迅送校样。可是接着却慢了下来，到一九三六年一月中旬，才送来不到上卷三分之一的校样。鲁迅着急了，要我找章锡琛交涉。章满口答应加快速度，但实际上未见改善。后来我从侧面了解到，原来我们没有如期付排版费，美成从生意经着眼，自然先做付了排版费的活。鲁迅听了大为生气，从此就有了个新念头——排好版后，把纸型寄到日本去印刷。这个计划他先与内山完造商量，得到了内山的支持，答应帮忙联系在日本印刷。鲁迅又与我研究。我说："这样当然好，不过这笔印刷费哪里来呢？"鲁迅道："我们交一部分现款，其他的内山先生垫上，将来书出版了，也在内山书店出售，就用一部分书款来抵账。"于是，我就把我们的决定通知了章锡琛。就这样，《海上述林》的出版分成了两步，排版在国内，印刷装钉在日本。鲁迅还提出装钉两种版本，一种皮脊的，一种丝绒的。一九三六年五月份，鲁迅把上卷的纸型交给了内山，寄往日本；八月底，《海上述林》上卷已装钉出样本寄来了，是重磅道林纸精装，鲁迅的评价是："皮脊太'古典的'一点，平装是天鹅绒面，殊漂亮也。"其实鲁迅所说的"平装"，按现在的标准，也是精装。书一共印了五百册。又过了一个月，大批书都运到了，鲁迅给我来信道："《述林》初拟计款分书，但如抽去三分之一交C.T.，则内山老板经售者只三百余本，迹近令他做难事而又克扣其好处，故付与C.T.者，只能是赠送本也。"这是讲的给捐款者如何分书的事，原先说过每位捐款者至少可赠送两部，现在算下账来，多数人只能送一部。C.T.即郑振铎，因为筹款的事是他经办的。不过我得到了两本《述林》，一本皮脊的，一本丝绒的，都是鲁迅亲自包装的。

美成的排版，上卷还比较顺当，因为我们的排版费付得及时；到了下卷，就像发疟疾一样，排了三个月。到一九三六年八月尚有四分之一未捡字，后来干脆停顿了下来。那年夏天鲁迅大病一场之后渐有好转，打算去日本疗养，希望在离沪前看完下卷的校样，所以十分着急。我就找章锡琛严肃地谈了一次。我说，鲁迅病中尚在看校样，你们却为了几个排版费而拖延时间，太不应该了！排版费决不会少你们一个，但现在没有。希望你们从大局着想，先把书稿排出来。这次谈话果然起了作用，以后校样就源源而来，到了十月初，下卷已在打纸型了。可是鲁迅终于没有见到《海上述林》下卷的成书。

从上面的叙述可以看到，最初议定编印秋白的《海上述林》的三个人，我仅仅是个"促进派"，振铎由于《译文》停刊事引起了鲁迅的误会而主动避开了，只有鲁迅为了编印亡友的这两卷遗作，耗费了大量的心血，而这一年正是他沉疴不起的一年！

《一九三五年记事》

萧红（一）：她的寂寞的悲哀

今年四月，第三次到香港，我是带着几分感伤的心情的。从我在重庆决定了要绕这么一个圈子回上海的时候起，我的心怀总有点儿矛盾和抑悒——我决定了这么走，可又怕这么走，我怕香港会引起我的一些回忆，而这些回忆我是愿意忘却的，不过，在忘却之前，我又极愿意再温习一遍。

在广州先住了一个月，生活相当忙乱；因为忙乱，倒也压住了怀旧之感，然而，想要温习一遍然后忘却的意念却也始终不曾抛开，我打算到九龙太子道看一看我第一次寓居香港的房子，看一看我的女孩子那时喜欢约了女伴们去游玩的蝴蝶谷，找一找我的男孩子那时专心致意收集来的一些美国出版的连环图画，也想看一看香港坚尼地道我第二次寓居香港时的房子，"一二·八"香港战争爆发后我们"避难"的那家"跳舞学校"（在轩尼诗道），而特别想看一看的，是萧红的坟墓——在浅水湾。

1938 年春，茅盾与夏衍、潘汉年在广州黄花岗

我把这些愿望放在心里，略有空闲，这些心愿就来困扰我了，然而我始终提不起这份勇气，还这些未了的心愿，直到离开香港，九龙是没有去，浅水湾也没有去；我实在常常违反本心似的规避着，常常自己找些借口来拖延，虽然我没有说过我有这样的打算，也没有人催促我快还这些心愿。

二十多年来，我也颇经历了一些人生的甜酸苦辣，如果有使我愤怒也不是，悲痛也不是，沉甸甸地老压在心上，因而愿意忘却，但又不忍轻易忘却的，莫过于太早的死和寂寞的死。为了追求真理而牺牲了童年的欢乐，为了要把自己造成一个对民族对社会有用的人而甘愿苦苦地学习，可是正当学习完成的时候却忽然死了，像一颗未出膛的枪弹，这比在战斗中倒下，给人以不知如何的感慨，似乎不是单纯的悲痛或惋惜所可形容的。这种太早的死，曾经成为我的感情上的一种沉重的负担，我愿意忘却，但又不能且不忍轻易忘却，因此我这次第三回到了香港想去再看一看蝴蝶谷这意念，也是无聊的；可资怀念的地方岂止这一处，即使去了，未必就能在那边埋葬了悲哀。

对于生活曾经寄以美好的希望但又屡次"幻灭"了的人，是寂寞的；对于自己的能力有自信，对于自己的工作也有远大的计划，但是生活的苦酒却又使她颇为悒悒不能振作，而又因此感到苦闷焦躁的人，当然会加倍的寂寞；这样精神上寂寞的人一旦发觉了自己的生命之灯快将熄灭，因而一切都无从"补救"的时候，那她的寂寞的悲哀恐怕不是语言可以形容的。而这样的寂寞的死，也成为我的感情上的一种沉重的负担，我愿意忘却，而又不能且不忍轻易忘却，因此我想去浅水湾看看而终于违反本心地屡次规避掉了。

《〈呼兰河传〉序》

萧红（二）：浅水湾的坟墓

萧红的坟墓寂寞地孤立在香港的浅水湾。

在游泳的季节，年年的浅水湾该不少红男绿女罢，然而躺在那里的萧红是寂寞的。

在一九四〇年十二月——那正是萧红逝世的前年，那是她的健康还不怎样成问题的时候，她写成了她的最后著作——小说《呼兰河传》，然而即使在那时，萧红的心境已经是寂寞的了。

而且从《呼兰河传》，我们又看到了萧红的幼年也是何等的寂寞！读一下这部书的寥寥数语的"尾声"，就想得见萧红在回忆她那寂寞的幼年时，她的心境是怎样寂寞的：

呼兰河这小城里边，以前住着我的祖父，现在埋着我的祖父。

我生的时候，祖父已经六十多岁了，我长到四五岁，祖父就快七十了，我还没有长到二十岁，祖父就七八十岁了。祖父一过了八十，祖父就死了。

从前那后花园的主人，而今不见了。老主人死了，小主人逃荒去了。

那园里的蝴蝶，蚂蚱，蜻蜓，也许还是年年仍旧，也许现在完全荒凉了。

小黄瓜，大矮瓜，也许还是年年地种着，也许现在根本没有了。

那早晨的露珠是不是还落在花盆架上，那午间的太阳是不是还照着那大向日葵，那黄昏时候的红霞是不是还会一会工夫会变出来一匹马来，一会工夫变出来一匹狗来，那么变着。

这一些不能想象了。

听说有二伯死了。

老厨子就是活着年纪也不小了。

东邻西舍也都不知怎样了。

至于那磨坊里的磨官，至今究竟如何，则完全不晓得了。

以上我所写的并没有什么幽美的故事，只因他们充满我幼年的记忆，忘却不了，难以忘却，就记在这里了。

《呼兰河传》脱稿以后，翌年之四月，因为史沫特莱女士的劝说，萧红想到新加坡去。（史沫特莱自己正要回美国，路过香港，小住一月。萧红以太平洋局势问她，她说：日本人必然要攻香港及南洋，香港至多能守一月，而新加坡则坚不可破，即使破了，在新加坡也比在香港办法多些。）萧红又鼓动我们夫妇俩也去。那时我因为工作关系不能也不想离开香港，我以为萧红怕陷落在香港（万一发生战争的话），我还多方为之解释，可是我不知道她之所以想离开香港因为她在香港生活是寂寞的，心境是寂寞的，她是希望由于离开香港而解脱那可怕的寂寞。并且我也想不到她那时的心境会这样寂寞。那时正在皖南事变以后，国内文化人大批跑到香港，造成了香港文化界空前的活跃，在这样环境中，而萧红会感到寂寞是难以索解的。等到我知道了而且也理解了这一切的时候，萧红埋在浅水湾已经快满一年了。

新加坡终于没有去成，萧红不久就病了，她进了玛丽医院。在医院里她自然更其寂寞了，然而她求生的意志非常强烈，她希望病好，她忍着寂寞住在医院。她的病相当复杂，而大夫也荒唐透顶，等到诊断明白是肺病的时候就宣告已经无可救药。可是萧红自信能活。甚至在香港战争爆发以后，夹在死于炮火和死于病二者之间的她，还是更怕前者，不过，心境的寂寞，仍然是对于她的最大的威胁。

经过了最后一次的手术，她终于不治。这时香港已经沦陷，她咽最后一口气时，许多朋友都不在她面前，她就这样带着寂寞离开了这人间。

《〈呼兰河传〉序》

萧红（三）：含泪的微笑

《呼兰河传》给我们看萧红的童年是寂寞的。

一位解事颇早的小女孩子每天的生活多么单调呵！年年种着小黄瓜、大矮瓜，年年春秋佳日有些蝴蝶、蚂蚱、蜻蜓的后花园，堆满了破旧东西，黑暗而尘封的后房，是她消遣的地方，慈祥而犹有童心的老祖父是她唯一的伴侣；清早在床上学舌似的念老祖父口授的唐诗，白天缠着老祖父讲那些实在已经听厌了的故事，或者看看那左邻右舍的千年如一日的刻板生活——如果这样死水似的生活中有什么突然冒起来的浪花，那也无非是老胡家的小团圆媳妇病了，老胡家又在跳神了，小团圆媳妇终于死了；那也无非是磨官冯歪嘴忽然有了老婆，有了孩子，而后来，老婆又忽然死了，剩下刚出世的第二个孩子。

呼兰河这小城的生活也是刻板单调的。

一年之中，他们很有规律地过活着；一年之中，必定有跳大神，唱秧歌，放河灯，演台子戏，四月十八日娘娘庙大会……这些热闹隆重的节日，而这些节日也和他们的日常生活一样多么单调而呆板。

呼兰河这小城的生活可又不是没有音响和色彩的。

大街小巷，每一茅舍内，每一篱笆后边，充满了唠叨、争吵、哭笑，乃至梦呓。一年四季，依着那些走马灯似的挨次到来的隆重热闹的节日，在灰黯的日常生活的背景前，呈显了粗线条的大红大绿的带有原始性的色彩。

呼兰河的人民当然多是良善的。

他们照着几千年传下来的习惯而思索，而生活；他们有时也许显得麻木，但实在他们也颇敏感而琐细，芝麻大的事情他们会议论或者争吵三天三夜而不休。他们有时也许显得愚昧而蛮横，但实在他们并没有害人或自害的意思，他们是按照他们认为最合理的方法，"该怎么办就怎么办"。

我们对于老胡家的小团圆媳妇的不幸的遭遇，当然很同情，我们怜惜她，我们为她叫屈，同时我们也憎恨——但憎恨的对象不是小团圆媳妇的婆婆，我们只觉得这婆婆也可怜，她同样是"照着几千年传下来的习惯而思索而生活"的一个牺牲者。她的"立场"，她的叫人觉得可恨却又更可怜的地方，在她"心安理得地化了五十吊"请那骗子——云游道人给小团圆媳妇治病的时候，就由她自己申说得明明白白的：

她来到我家，我没给她气受，那家的团圆媳妇不受气，一天打八顿，骂三场，可是我也打过她，那是我给她一个下马威，我只打了她一个多月，虽然说我打得狠了一点，可是不狠哪能够规矩出一个好人来。我也是不愿意狠打她的，打得连喊带叫的，我是为她着想，不打得狠一点，她是不能够中用的。

这老胡家的婆婆为什么坚信她的小团圆媳妇必得狠狠地"管教"呢？小团圆媳妇有些什么地方叫她老人家看着不顺眼呢？因为那小团圆媳妇第一天来到老胡家就由街坊公论判定她是"太大方了"，"一点也不知道羞，头一天来到婆家，吃饭就吃三碗"，而且"十四岁就长得那么高"也是不合规律——因为街坊公论说：这小团圆媳妇不像个小团圆媳妇，所以更使她的婆婆坚信非严加管教不可，而且更因为"只想给她一个下马威"的时候，这"太大方"的小团圆媳妇居然不服管教——带哭连喊，说要回"家"去——所以不得不狠狠地打了她一个月。

街坊们当然也都是和那个小团圆媳妇无怨无仇，都是为了要她好——要她像一个团圆媳妇。所以当这小团圆媳妇被"管教"成病的时候，不但她的婆婆肯舍大把的钱为她治病（跳神，各种偏方），而众街坊也热心地给她出主意。

而结果呢？结果是把一个"黑忽忽的，笑呵呵的"名为十四岁其实不过十二，可实在长得比普通十四岁的女孩子又高大又结实的小团圆媳妇活生生"送回老家去"！

呼兰河这小城的生活是充满了各种各样的声响和色彩的，可又是刻板单调。

呼兰河小城的生活是寂寞的。

萧红的童年生活就是在这种样的寂寞环境中过去的。这在她心灵上留的烙印有多么深，自然不言而喻。

无意识地违背了"几千年传下来的习惯而思索而生活"的老胡家的小团圆媳妇终于死了，有意识地反抗着几千年传下来的习惯而思索而生活的萧红则以含泪的微笑回忆这寂寞的小城，怀着寂寞的心情，在悲壮的斗争的大时代。

《〈呼兰河传〉序》

萧红（四）：一串凄婉的歌谣

也许有人会觉得《呼兰河传》不是一部小说。

他们也许会这样说：没有贯串全书的线索，故事和人物都是零零碎碎，都是片段的，不是整个的有机体。

也许又有人觉得《呼兰河传》好像自传，却又不完全像自传。

但是我却觉得正因其不完全像自传，所以更好，更有意义。

而且我们不也可以说：要点不在《呼兰河传》不像是一部严格意义的小说，而在它于这"不像"之外，还有些别的东西——一些比"像"一部小说更为"诱人"些的东西：它是一篇叙事诗，一幅多彩的风土画，一串凄婉的歌谣。

有讽刺，也有幽默。开始读时有轻松之感，然而愈读下去心头就会一点一点沉重起来。可是，仍然有美，即使这美有点病态，也仍然不能不使你炫惑。

也许你要说《呼兰河传》没有一个人物是积极性的。都是些甘愿做传统思想的奴隶而又自怨自艾的可怜虫，而作者对于他们的态度也不是单纯的。她不留情地鞭笞他们，可是她又同情他们：她给我们看，这些屈服于传统的人多么愚蠢而顽固——有时甚至于残忍，然而他们的本质是良善的，他们不欺诈，不虚伪，他们也不好吃懒做，他们极容易满足。有二伯、老厨子、老胡家的一家子，漏粉的那一群，都是这样的人物。他们都像最低级的植物似的，只要极少的水分、土壤、阳光——甚至没有阳光，就能够生存了，磨官冯歪嘴子是他们中间生命力最强的一个——强得使人不禁想赞美他。然而在冯歪嘴子身上也找不出什么特别的东西，除了生命力特别顽强，而这是原始性的顽强。

如果让我们在《呼兰河传》找作者思想的弱点，那么，问题恐怕不在于作者所写的人物都缺乏积极性，而在于作者写这些人物的梦魇似的生活时给人们以这样一个印象：除了因为愚昧保守而自食其果，这些人物的生活原也悠然自得其乐，在这里，我们看不见封建的剥削和压迫，也看不见日本帝国主义那种血腥的侵略。而这两重的铁枷，在呼兰河人民生活的比重上，该也不会轻于他们自身的愚昧保守罢？

《〈呼兰河传〉序》

萧红（五）：感情富于理智的女诗人

在一九四〇年前后这样的大时代中，像萧红这样对于人生有理想，对于黑暗势力作过斗争的人，而会悄然"蛰居"多少有点不可解。她的一位女友曾经分析她的"消极"和苦闷的根因，以为"感情"上的一再受伤，使得这位感情富于理智的女诗人，被自己的狭小的私生活的圈子所束缚（而这圈子尽管是她咒诅的，却又拘于惰性，不能毅然决然自拔），和广阔的进行着生死搏斗的大天地完全隔绝了，这结果是，一方面陈义太高，不满于她这阶层的知识分子们的各种活动，觉得那全是扯淡，是无聊，另一方面却又不能投身到农工劳苦大众的群中，把生活彻底改变一下。这又如何能不感到苦闷而寂寞？而这一心情投射在《呼兰河传》上的暗影不但见之于全书的情调，也见之于思想部分，这是可以惋惜的，正像我们对于萧红的早死深致其惋惜一样。

《〈呼兰河传〉序》

第二辑：邹韬奋的大裤管

1944年，茅盾与老舍、于立群在重庆

香港战争时韬奋的琐事

在香港战争时和韬奋先生最后一次的晤谈是十二月十一或十二的午后，坚尼地道我的寓楼。十二月八日，战事爆发后，住在九龙的朋友们都陆续逃到香港来了，韬奋想看看坚尼地道我的寓所也是否"安全"。当然，如果日本人进了香港，那么，我这寓所一定不能再用。不，即使日本人还没进香港而战事日益不利，我这寓所也未必"安全"，因为才只打了两三天而已，而日本人的间谍和汉奸在香港已很活跃了。当韬奋了解了这样的情形时，他就颇为踌躇了。九龙来的朋友（连韬奋也在内），本来已经看好了一所屋子，但只是空空荡荡两间大房，什么也没有。这就是韬奋来到我处看看的原因。但我还是请他住下来再说，而他们也同意。

这时他还没有吃过中饭。我们就把冷饭炒起来，他一面吃，一面说："那边（指他们已经看好的那屋子——笔者），连一口开水也弄不到；我们每人倒都有热水瓶，可是没有风炉和水壶，没有法子烧水。"

谈到九龙的战事，他慨叹于元朗一线之不能久守。"想不到这样快的，这样快的。"他说。

看见我们书架上依然是满满的书籍，他就问道："这些书，都不要紧？"

"难说，"我回答，"多少总有点抗日的嫌疑。"

"怎么办呢？"他很关切又很天真地问。

"明天想法搬到别处去。"

沉默了一会，他又说："这样的事，我还是第一回，一点经验也没有。"看见我望住他微笑地点头，他又补充道："当真没有经验，人家告诉我怎么做我就怎么做。你看我学得会么？"说着他自己笑了，这笑是非常天真的。

"当然，"我也笑了，"包你一学就会。"

"不过，我是粗心的。日常生活的琐屑事务，一向都是粹真（他的太太的名字——笔者）照料我的。"

我笑了。他也想起了什么似的拍着身上的背心笑了起来。

原来他这背心口袋里装着钞票，为防掉落，袋口有线缝住——当然这是细心的太太为他这样准备好的，然而他来到我寓所以后上一次毛厕，出来时可就把这件背心忘掉在毛厕内衣钩上了，幸而我们跟着就发现了，总算没有被房东的用人们顺手牵了羊去。

"果然有点粗心，"我说，"但这是你的细心的太太养成你的。"

"以后跟你们学罢。"他说，又高兴地笑了。

　　半小时以后，来了一个朋友，是来找韬奋的。据他说，九龙好紧，说不定今晚即会不守，而香港之能否坚持多少日子，也正未可知。"你住在这里是不妥当的。"那朋友对韬奋说。

　　"那么住什么地方呢？"

　　"还是那两间空房间。虽然不大方便，问题是没有的。"

　　"好，好，"韬奋完全赞同，又邀我也去，"你也到那边去罢，房间大得很，打地铺，再多几个也住得下去。"

　　我辞谢了他的好意。我告诉他：我本来要搬下山去，房子已经在找了，我得等候朋友的回音。

　　"那么，要是回音来了找不到，你还是到我们这边去。"他边走边叮嘱就和那朋友一同去了。

　　那天晚上，我就搬下山，住在一家暂时歇业的跳舞学校内。

　　以后，香港沦陷了，又过了新年了，正月九日，我们偷过九龙，准备取道陆路回祖国，在船上又和韬奋遇见了。这时他穿了唐装，很高兴，他指着他那大裤管问我道："看得出么？——一枝自来水笔，一只手表，在这边；那边是钞票，都是粹真缝的。"他又天真地笑了。

　　　　　　　　　　　　　　　　《记香港战争时韬奋的琐事》

邹韬奋和《大众生活》

皖南事变后，在共产党的策划和领导之下，相当数量的革命的进步的文化工作者从压迫愈来愈严厉的重庆"疏散"出去，建立分散的文化据点。到香港的一批以韬奋为中心，目的就是要在香港办报办刊物。如果由韬奋出名来办报，恐怕是通不过香港政府这一关的，因而只好办周刊。

当时的香港充斥着各式各样的特务——蒋记的、汪记的，等等。他们要破坏韬奋的活动，自不待言。香港政府自然也不会欢迎韬奋这样一个人来办刊物，不过，既然还标榜着"言论自由"，就不好公然不许，而只能在刊物登记的条例上做文章；照那条例，刊物的负责者是发行人，而发行人则须是"港绅"，因而韬奋当然不能自任发行人去申请登记，而必须另找一位港绅来"合作"，但即使找到了那样一位，能不能通过，据说也很少把握。

所谓"有志者事竟成"罢，韬奋终于找到一位发行人了。原来有一个曹先生①（他的父亲是所谓港绅），早已登记好了要办一个周刊，但因找不到适当的主编，故而那刊物还没出世。这位曹先生年纪还轻，读过韬奋的著作及其所编的刊物，可以说是对于韬奋的道德文章有相当认识、对于韬奋怀着敬佩之心的一个人。经过第三者的介绍，事情就成功了。这就是后来坚持到香港沦陷然后停刊的《大众生活》周刊。从这件事，也可见韬奋的为祖国为人民的长期奋斗的精神和毅力，在一般人中间（而曹先生是其中之一）建立了如何高的威信！

办刊物既有眉目，韬奋立刻以他那一贯的负责和不知疲倦的精神开始工作。他要求在两星期后出版创刊号，那就是说，一星期后就必须将创刊号的稿件发排。他组织了一个编辑委员会，可是参加编委会的朋友们都是另有工作的，他们对于韬奋的帮助只能是：每星期开会一次，决定下一期刊物的主要内容，并在这范围内担任写稿一篇，或者是负责向编委以外的朋友拉一篇那一期刊物所需的稿。韬奋必须自己做的，就有下列的一大堆事情：每个在卷首的社评，那是有一定的篇幅的，太长或太短都会影响到刊物的整个编排的计划性；审阅来稿（包括特约稿和外来的投稿）；给读者的来信作"简复"，这是刊物的很重要的一栏，刊物与读者的联系固然赖此一栏，而尤其重要的，是借这一栏发表一些还不宜于用其他方式（例如短评等等）来发表的主张或批评。不曾在那种环境下办过刊物的人不会了解"简复"读者来信这工

---

① 曹先生：指曹克安，香港《大众生活》周刊社社长兼督印人。

作在彼时彼地是怎样重要而且又是怎样地不简单。韬奋常说：他花在"简复"上的时间和精力，比花在社评上的要多得多。

在那时的人力物力的条件下办这么一个周刊，其困难有非今天的没有那种经验的年青朋友所能想象。《大众生活》之所以得以出版，并且在短促的时期内出版，不能不归功于韬奋的毅力和勤奋。当时在香港的朋友们中间颇有几位是办过刊物的，当听说刊物要在一星期内从无到有，都感觉期限太促，然而韬奋那种说干就干、勇往直前的精神，把大家振奋起来了。韬奋是对的。那时候，即使是一天的时间也很宝贵，不能白白过去。那时候，如果迟疑拖延，则夜长梦多，刊物也许会因特务分子的破坏而终于不能出世。如果不把这些特殊情况加以充分的估计，而轻率地武断地以为韬奋就是"性急"（有人是这样看他的，而他自己也这样自讼），是"顾前不顾后"，或者，因而给他一个"急躁冒进"的帽子，那是全无是处的。

恰恰相反，我倒觉得韬奋的嫉恶如仇、说干就干、充满信心、极端负责的精神，正是我们应当学习的。

《邹韬奋和〈大众生活〉》

忆谢六逸兄

　　第一次和六逸见面，少说也有二十年了，日子记不真，总而言之也是夏天，他从日本回到了上海。地点大概是在郑振铎兄的寓所，那时铎兄还没有结婚，他和另外几个朋友同租了一所比较宽大而不是弄堂房子式的小洋房，一进门便有一种上等公寓的感觉。六逸从日本来了，便不打算回去，铎兄却正在设法留他在上海住下。在这一类事上，振铎兄的组织天才向来是朋辈所钦佩的，六逸留下来了，而且一住十多年，直到抗战为止。这十多年中，六逸在商务印书馆编译所中作过"无名英雄"，也教过书，编过刊物，最后几年则在复旦大学。当他还在"商务"的时候，我们见面的机会多，我们给他上个尊号："贵州督军"。尊号何以必称"督军"，但凡见过六逸而领略到他那沉着庄严的仪表的，总该可以索解；至于"督军"而必曰"贵州"，一则因为他是贵州人，二则我们认为六逸倘回家乡去，还不是数一数二的人物，"至少该当个把督军"。那时谁也料不到，十年后这位"督军"被日本侵略的炮火逼回了家乡，一住七年，却弄得几乎穷无立锥之地！

在上海最后一次和六逸见面（也许这不是事实上的最后一次，但在我记忆中印象最深的，这是最后一次），是在"七七"的上年，《国民周报》发刊的时候。也许现在很少人记得这刊物了，但在那时的低气压中，这"无奇不有"的刊物是适应了时代的需要的。应当记得，这刊物之出现，正在《新生》《永生》连续被禁，爱国有罪的时期，以广泛的读者阶层为对象的进步的综合性的刊物，在当时成为迫切的需要。但主编的人物颇难其选，于是在这一类事上常常表现出其卓特的组织天才的又一朋友——胡愈之兄，把沉着持重的"贵州督军"拉出来了。那一个可纪念的晚上，大概是在饭店弄堂的一家小馆子，用"无奇不有"这四个字来形象了这刊物的以"广泛读者阶层"为争取对象的，是六逸兄的隽语。那时叫了几样下酒的菜，其中一样是"海瓜子"，也是六逸点的；这使我想起了他的太太是宁波人，也曾经是他当了多年的教务主任的神州女校的学生。

后来是"七七"、"八一三"、淞沪战争、上海弃守，一连串的大事，朋友们纷纷走内地，六逸也带了他颇大的一家人取道香港回老家去了。他在香港换船那一天，我也刚刚从上海到了香港。离家二十年的游子却在这烽火漫天的时期，和太太以及大群儿女回到了家乡，该有点说不出的甜酸苦辣罢？但是那时的六逸兄和所有往内地去的朋友们一样抱着一种"理想"——也许只能说是

"憧憬"，不问怎的，精神上总是昂扬的，这和七年以后，敌骑直陷独山，贵阳大恐慌，拖着一家人又不得不想到如何逃难的六逸的心境，该是如何的不同啊。而特别是：在故乡一住七年的六逸只饱尝了空虚和寂寞。

太平洋战争之第二年，我从桂林赴重庆，路过贵阳，寓"贵阳招待所"。预计在贵阳有三四天的逗留，我便计划着找几位多年不见面的朋友谈谈。第一位我就找了六逸。我知道他那时担任了文通书局的总编辑，便到"文通"去看他，哪知扑了一场空，只好留下名片和地址。从"文通"那边，我才知六逸兼职五六个之多，每天奔跑于马路上的时间少说也有三个小时。于是我就想到六逸的经济情形不见得好。六逸的个性我知道一点，他不大喜欢多兜揽；如果不是为了增加收入，他不会兼职如此之多的。那天下午，六逸到"招待所"来看我了。乍一见面，我就觉得这位老朋友"搁浅"在贵阳的六七年间实在弄得身心交疲了。丰腴尚如旧日，然而眉宇之间那股消沉抑悒之态却不时流露于不知不觉。略谈了从桂林到贵阳的路上情形以后，他有意无意地说道：

"刚才进来的时候，宪兵盘查得很认真呢！"

"想来这是例行公事。"我不经意地回答，"因为这是贵阳独一无二的贵族化的旅馆。"

"不然。一向没有宪兵。"口气表示了他很注意这一点小事。

于是我也记了起来：是有一名或两名宪兵经常徘徊于"招待所"的"新楼"的进出口——"招待所"的房屋有新旧两部，"新楼"是完全西式的，最贵族化的房间，我就住"新楼"；但同时我也悟到何以加了宪兵的原因：

"招待所新楼里还有几位贵宾，广东省的军政大员，宪兵大概是保护他们的。"

六逸笑了，第一次用轻松而幽默的口气说："哦，这就差不多了，可是刚才我还以为是来'保护'你的呢！"

"从金城江上车后，当真发现了有人在'保护'我，不过那是不穿制服的。"我也笑着回答。

渐渐谈到了几年来各人的生活；六逸对于我的动荡多变、东南西北的生活似乎有点兴趣，却叹了口气说他自己道："在贵阳一住七年，寂寞得很；可是也没法子动呀，孩子们又多又年纪小。"突然他提出一个问题：

"你看还有几年？"

"几年么？"我知道他问的是战事，"总该快了。"

"两三年还可以拖拖，再多真有点吃不消了。"他的口气很认真而且充满了忧虑。

"各人的看法不同。譬如住在上海的人估量起来'天快亮了'，而我们在桂林的则以为这时还刚刚过了半夜，甚至于是刚刚到了半夜而已。我也是往长处看的。"

六逸叹了口气，不作声；可是我知道他也是"往长处看的"，正惟其他觉得抗战不是三五年所能了结，而物价却天天高涨，所以他有拖不下去的忧惧。

"如果仗打完了，你回不回上海？"我改变了话题。

"当然回上海！"

他这样坚决肯定的回答使我惊异。但是我立刻了解了：他虽然是贵阳人，但他在贵阳无异是作客——不，有些外乡人却比他更能适应环境。

初回贵阳的时候，六逸本有一番抱负。他并无空想，而且他在战前几乎拿定主意要老死于上海，足证他对于他的故乡了解得如何深刻，而在不得不回故乡以后终于又有一些抱负，则因他觉得到底是在抗战了，抗战应当使最顽强的冰原也起些变化。变化也终于发生了，但却是不利于真正想为国家民族——小而言之为故乡做点事的人。于是六逸不能不碰壁，不能不受猜疑，尚幸他是贵阳人，所以还能在几个学校里兼几点钟课，实是靠卖命养活了一家人。

在贵阳那一次的会见，遂成永诀，是我当时所万万想不到的。我那时觉得贵阳那种喧嚣而又寂寞的环境会把六逸闷死，便劝他迁地为良；但是我这也是白说。拖了一大堆孩子，赚一天吃一天的人，在那抗战时代，要迁地，真是谈何容易！

当六逸的不幸消息传到重庆以后，很多朋友以为他是工作太重而死了的，我却觉得工作太重只是一因，但还不是主因；厌恶那环境，又不能脱离那环境，柴米油盐之外，还有莫名其妙怄气的事天天来打扰，这样抑悒愁烦的心境才是损害他健康的最主要的原因。六逸不是喜欢自我表现的人，他不谈个人的私事，然而我的猜度敢说是绝对正确的。

《忆谢六逸兄》

张元济（一）：一面之识

　　一九一六年八月初旬[①]，我到上海，先找个小客栈住下，然后到河南路商务印书馆发行所，请见总经理张元济（菊生）先生[②]。我和张元济并无一面之识，我只带着商务印书馆北京分馆经理孙壮（伯恒）的一封给张元济的介绍信。我和孙伯恒也不认识，是我的表叔卢学溥（鉴泉）把我荐给孙伯恒的。当我在本年七月回家时，还不知道祖父应母亲之请写信给卢表叔请他为我找职业，也不知道母亲另有信给卢表叔，请他不要为我在官场（卢表叔在当时的政派中属于梁士诒一系，与叶恭绰友善）或银行找职业。因为有此种种缘故，当我在本年七月底回

---

①　初旬：这里作者的回忆与史实略有出入。查商务印书馆旧档案的职员登记卡，作者进商务编辑所的时间为一九一六年八月二十八日。
②　当时张元济在商务印书馆内职务为经理。

1979年，茅盾在寓所与巴金畅谈

到家中时，母亲把找职业已托了卢表叔的事告诉我，并说准备在家闲居半年，因为除了官场和银行界以外，卢表叔未必马上能为我找到合适的职业。却不料八月初就收到卢表叔的信，内附孙伯恒给张菊生的信，并嘱赶快去见张总经理。卢表叔的信中还提到张元济翰林出身，是商务印书馆的创办人之一。

我见这间总经理办公室前面一排窗，光线很好，一张大写字台旁坐着一人，长眉细目，满面红光，想来就是张元济了。两旁靠墙都有几把小椅子（洋式的，圆形，当时上海人称之为圈椅，

因为它的靠背只是一道木圈），写字台旁边也有一张；张元济微
微欠身，手指那个圈椅说："坐近些，谈话方便。"我就坐下。张
先问我读过哪些英文和中文书籍，我简短扼要地回答了，他点点
头，然后说："孙伯恒早就有信来①，我正等着你。我们编译所有
个英文部，正缺人，你进英文部如何？"我说："可以。"张又说：
"编译所在闸北宝山路，你没有去过吧？"我表示不知道有什么宝
山路。张拿起电话，却用很流利的英语跟对方谈话。我听他说的
是："前天跟你谈过的沈先生今日来了，一会儿就到编译所见你，
请同他面谈。"打完电话，张对我说："你听得了罢？刚才我同英
文部长邝博士谈你的工作。现在，你回旅馆，我马上派人接你去
宝山路。你住在哪个旅馆？"我把旅馆名和房间号码都说了，张
随手取一小张纸片记下，念一遍，又对我说："派去接你的人叫
通宝，是个茶房，南浔镇人。你就回旅馆去等他吧。"说着他站
了起来，把手一摊，表示送客。我对他鞠躬，就走出他的所谓办
公室。

《商务印书馆编译所》

---

① 张元济一九一六年七月二十七日"日记""用人"项载："伯恒来信，
卢鉴泉荐沈德鸿。复以试办，月薪廿四元，无寄宿。试办后彼此允洽，
再设法。"见商务印书馆一九八一年九月版《张元济日记》上册第九二
至九三页。

张元济（二）：开辟出版事业草莱

　　谢冠生所讲，使我最感兴趣的，是关于张菊生（总经理）的轶事。据他说，张来自浙江省海盐县名门望族，少年科举得意，翰林散馆后任京官，戊戌维新时，他虽非康、梁一派，但赞成维新，曾蒙光绪召见，曾起草京师大学堂章程。政变后，他逃出北京，暂寓上海养晦待时。因偶然机会，得识夏粹方、鲍氏三兄弟，就帮助夏办起中国第一个新式出版机构。夏粹方原是上海《字林西报》排字工头，那时能排英文的工人绝少，所以工资高（商务印刷所的英文排字工人的工资比排中文的高约一倍）。积资既多，自己办一个小印刷所，招收宁波工人十来名，名为商务印书馆，主要业务是招揽小件印刷品，并不是出版机构，但颇有盈余。约在一九〇〇年左右，扩充资本，翻印了一些英文课本。一九〇二年后，方设立编译所，一九〇三年张菊生任编译所长。

　　在辛亥革命前，商务有日本人投资，占全部资金之一半。印刷、编译都有日本人参加，引进当时日本已经掌握的先进印刷技术，以及日本当时编辑小学、中学教科书的经验。辛亥革命时，中华书局崛起，以完全中国资本自办的出版事业为号召，又揭露了商务的中日合伙的事实。于是夏粹方、张菊生决心收回日本人所占有的资金，与日本资方办理拆股交涉，几经曲折，始得成功；印刷、编译两方面之日本技师和顾问也全部辞退。

在这以后，商务印书馆就以完全中国人资本、中国人管理的新式出版企业名义，号召投资，开始扩大业务范围。此时的商务印书馆除河南路的发行所大楼，又有宝山路的编译所大楼和印刷所厂房，能制照相铜版、锌版、铜模和浇铸铅字。

在我进编译所的前两年，张菊生曾周游欧美各大国，考察他们的出版事业，同时还以商务印书馆的名义，同一些英美出版公司订合同，作为他们的书籍在中国销售的代理人。

在中国的新式出版事业中，张菊生确实是开辟草莱的人。他不但是个有远见、有魄力的企业家，同时又是一个学贯中西、博古通今的人。他没有留下专门著作，但百衲本二十四史每史有他写的跋，以及所辑《涉园丛刊》各书的跋，可以概见他于史学、文学都有高深的修养。

《商务印书馆编译所》

悼佩弦先生

古人称盛德君子无疾言厉色，朱自清先生就是这样一个人。二十年前，我第一次见他，就有这印象，相交既久，过从渐密，而我这印象更深。然而朱先生取字"佩弦"，似乎自憾秉性舒缓，可是多少登坛演说，慷慨激昂者，其赴义之勇，却远不及朱先生。

文如其人，早有定论。在新文艺运动中，朱先生的贡献不在冲锋陷阵，而是潜研韬略，埋头练兵。他的著作不多，但我深信这都是经得起时间的考验，在新文艺史上卓然自有其地位。我最钦佩而心折的，是他的《欧游杂记》。这样清丽俊逸的文字，行云流水的格调，是他的品性和学问的整个表现，别人想学也不大学得像的。

一九二七以后，我们见面的机会比较少了。欧游回来，他路经上海，几个老朋友和他洗尘，有一次畅快的叙会；记得地点是三马路的"梁园"，一个河南馆子。那时候，他面貌较前丰腴。后来相隔几年，在一个朋友家里看见一个人，蓦然惊喜，以为是老友，再看却又不是，一问，才知道是朱光潜，那时我心里想："这真是阳货貌如夫子！"

最后一次会到朱先生大概是一九三八年冬季我赴新疆路过昆明，那时始知他有胃病。幸而不算严重。年来常听北来朋友谈起他消瘦更甚，但精神尚好，真不料他突然疾发，遂至不治！这是"惨胜"以后我所遇到的第三次意外的悲痛事件。第一次是四烈士堕机①，第二次是陶行知突然逝世。李闻遇害，我倒并不感得意外；因为自我在较场口②亲眼看见公朴如何挨打，我就知道迟早他要遭毒手，而在公朴遇害以后，闻一多之必遭毒手，差不多也是大家料到的。

朱先生最近把《闻一多全集》整理完毕。我猜想他在校勘了最后一页时，也许曾这样闭目默祷道："一多，你的全集不久就可以出版了，你所不共戴天的人民的敌人不久也就要垮台。那时候，我们将以一束清香，告慰你在天之灵！"可是朱先生想不到他自己也不及见这不久就要到来的一天，我想他是死不瞑目的！

《悼佩弦先生》

---

① 四烈士堕机：指王若飞、叶挺、邓发、秦邦宪等于一九四六年四月八日因飞机失事遇难的事件。

② 较场口：在重庆市。一九四六年二月十日，重庆各界群众万余人在较场口集会庆祝中国政治协商会议的成功，国民党当局派出大批特务至会场捣乱行凶，史称"较场口事件"。

丁玲：文坛的新姿态

大约是一九二一年罢，上海出现了一个平民女学，以半工半读号召。那时候，正当五四运动把青年们从封建思想的麻醉中唤醒了，"父与子"的斗争在全中国各处的古老家庭里爆发，一些反抗的青年女子从"大家庭"里跑出来，抛弃了深闺小姐的生活，到"新思想"发源的大都市内找求她们理想的生活来了；上海平民女学的学生大部分就是这样叛逆的青年女性。

我们的作家丁玲女士，就是那平民女学的学生。那时候，她不叫做丁玲，叫做丁冰之。按照中国的习惯，她应该用她父亲的姓——蒋；但是她戴了她母亲的丁姓，因为她觉得男女既是平等的，那么子女们也可以用母族的姓氏。这也是那时候很普遍于青年男女间的一种新思想。

在平民女学的丁玲女士是一个沉默的青年。她有两个很要好的朋友，王剑虹女士和王一知女士。前者是四川人，后者和丁玲同乡，也是湖南人。但当这三位青年女性做好朋友的时候，她们全有很浓厚的无政府主义的倾向。

平民女学的创办者（陈独秀和他的朋友）因为种种困难，不能使这学校按照他们的理想；丁玲女士她们大概感到失望，所以不久就退学。以后一年中间，她大概没有正式进学校，她和她的朋友王剑虹女士曾在南京住过一些时，过"自修"的生活。一九二四年，她又正式进学校，仍旧和王剑虹在一处。这学校便是后来在"五卅"运动中很起了领导作用而且产生了不少革命人才的上海大学。那时丁玲进的是上海大学的中国文学系：她好像对于政治还不感多大兴趣，思想上她还是近于无政府主义。

在上海大学大约一年光景，丁玲到别处去了。那时，她的好朋友王剑虹女士也像先前的王一知女士那样倾向于社会主义，而且不久就因肺病死了：也许丁玲因此感到寂寞，因此要换环境了。

一九二七年，丁玲发表了她的第一篇小说①，那时她始用"丁玲"这笔名。这个名字，在文坛上是生疏的，可是这位作者的才能立刻被人认识了。接着她的第二篇短篇小说《莎菲女士的日记》也在《小说月报》上发表了，人们于是更深切地认识到一位新起的女作家，在谢冰心女士沉默了的那时，以一种新的姿态出现于文坛。

《女作家丁玲》

———————————

① 第一篇小说：指短篇《梦珂》。

庐隐：呼吸"五四"时期的空气

　　人们正在回忆着十五年前的"五四"，人们忽又听说女作家庐隐女士病死在医院里。

　　这是一个"偶然"。然而庐隐之所以成其为庐隐，却不是"偶然"的；庐隐与五四运动，有"血统"的关系。庐隐，她是被"五四"的怒潮从封建的氛围中掀起来的，觉醒了的一个女性；庐隐，她是"五四"的产儿。正像"五四"是半殖民地的中国社会经济的"产儿"一样；庐隐，她是资产阶级性的文化运动"五四"的产儿。五四运动发展到某一阶段，便停滞了，向后退了；庐隐，她的"发展"也是到了某一阶段就停滞。我们现在读庐隐的全部著作，就仿佛再呼吸着"五四"时期的空气，我们看见一些"追求人生意义"的热情的然而空想的青年们在书中苦闷地徘徊，我们又看见一些负荷着几千年传统思想束缚的青年们在书中叫着"自我发展"，可是他们的脆弱的心灵却又动辄多所顾忌。

这些青年，是"五四"时期的"时代儿"，庐隐，她带着他们从《海滨故人》到《曼丽》，到《玫瑰的刺》，到《女人的心》，首尾有十三四年之久！在这里，我们就意味着我们所谓"庐隐的停滞"。而因为时代是向前了，所以这"停滞"客观上就成为"后退"，虽然庐隐主观上是挣扎着要向前"追求"的。"我的不安于现在，可说是从娘胎里带来的"；庐隐，她在《玫瑰的刺》里这样说。可是她对于"现在"的认识却很模糊；她在《亡命》里说，"在我心里最大的痛苦，是我猜不透人类的心；我所想望的光明，永远只是我自己的想望，不能在第二个人心里掘出和我同样的想望"。这永远是庐隐"自己的想望"，庐隐她不曾明白表现在作品中；也许那篇寓言体的《地上的乐园》就是她的"想望"的象征，然而那只是一篇美丽的空想的"诗"，而且是"神秘"的"诗"。

读了那篇《地上的乐园》，人们会觉得在这里就伏着庐隐作品中"苦闷人生"的根，也会觉得就在这里也伏着庐隐"发展停滞"的根！

《庐隐论》

许地山：苦口婆心求学术

地山先生是"文学研究会"发起人之一，那时他尚在燕大读书。翌年春，我接手了《小说月报》的编辑事务，北方友人竭力支持改革后的《小说月报》的，地山先生就是其中之一。他的初期的创作，短篇小说《命命鸟》等以及散文《空山灵雨》，都是发表在《小说月报》的。但是我和他的第一次会面，大概是在次年夏天，他和令兄敦谷先生（画家）于暑假中来上海小住那时候。郑振铎先生那时亦在上海了，他们在北平时是熟的，便时相过从。那时我又知道地山先生又知音律，他在文艺方面的素养是不但弥湛，而且也广博的。不过他那时作为研究目标的，却还不是文艺，而是宗教哲学。后来他留学英国，又游历印度，恐怕都是继续他这一项研究。

他之研究宗教哲学，我想，其用心大概是同研究扶箕的迷信是一样的罢？在他近著《扶箕迷信底研究》一书中，我们惊叹于他考证之勤，也心折于他的论断之正确；他是为了要证明扶箕是一种自觉的或不自觉的骗术，乃就其有关的各方面，详加考证。只看他引用书目之多，就知道他曾经花了多少力气。为了这样一个问题而旁征博引，写成专书，他这做学问的精神和态度，怎能叫人不钦佩呢？他这研究方法完全是科学的！

《国粹与国学》一文（《大公报》七月十四日连载），也许是地山先生最后的著作（就已发表者而言）。在这一篇论文里，他正确地指出，一般的所谓"国粹"论者在理论上犯了怎样的错误；他说："我想来想去，只能假定说，一个民族在物质上、精神上与思想上对于人类，最少是本民族，有过重要的贡献，而这种贡献是继续有功用，继续在发展的，才可以被称为国粹。"从这中心的观点，他又指出现在有些人治国学的态度与方法，也颇成问题。他在检讨国学的价值与路向时，沉痛地说，"自古以来，我们就没有真学术，退一步讲，只有真学术底起期，而无真学术底成就。""所谓学问，每每是因袭前人而不敢另辟新途。"他说中国古来的学问"只是治人之学，谈不到是治事之学，更谈不到是治物之学，现代学问底精神是从治物之学出发底"。这都是对于现今的迷古论乃至复古论者的当前棒喝！

他又论为学之道："学术上的问题不在新旧而在需要，需要是一切学问与发明的基础。""没有用处的学问就不算是真学问，只能说是个人趣味，与养金鱼，栽盆景，一样地无关大旨，非人生日用所必需底。"由此而推论"学术除掉民族特有的经史之外是没有国界底。民族文化与思想底渊源，固然要由本国底经史中寻觅，但我们不能保证新学术绝对可以从其中产生出来。新学术要依学术上的问题底有无，与人间底需要底缓急而产生，决不是无端从天外飞来的"。终乃认为："要知道中国现在的境遇底真相和寻求解决中国目前的种种问题。归根还是要从中国历史与其社会组织、经济制度底研究入手。"

这样的议论，在目前中国，谁能说他不是苦口婆心，对症发药？

《悼许地山先生》

老舍：任劳任怨为"文协"

　　大约是"七七"前三年罢，老舍先生经过上海，在郑振铎先生寓中，我第一次会见了他。那时在郑寓吃了一顿饭，匆匆握别，老舍先生就北上了。"七七"那年冬天，我到武汉走了一趟，这才和他又遇到。那时候，"中华全国文艺界抗敌协会"正在筹备，老舍先生置个人私事于不顾，尽力谋"文协"之实现。我们那时几次见面，所谈亦无非这件事。如果没有老舍先生的任劳任怨，这一件大事——抗战的文艺家的大团结，恐怕不能那样顺利迅速地完成，而且恐怕也不能艰难困苦地支撑到今天了。这不是我个人的私言，也是文艺界同人的公论。

　　"文协"成立会前一月，因为《文艺阵地》打算在广州印刷，我就到广州，后来又寄寓香港。个人所感不忘的，便是老舍先生曾给《文阵》以有力的支持。

　　七年以来，老舍先生为"文协"耗费的精神时间，已属不少，然而他的创作活动始终没有放松。他的创作的范围是扩大了，他从小说而剧本，而长诗，而在运用旧形式方面，他亦作了光辉的贡献。最近他又写了长篇小说《火葬》，在计划写作一部以沦陷后的北平为背景的百万字的巨著。然而老舍先生的体气并不怎样健康，每逢冬季，他的脑病便要复发，而去年冬天他割治了盲肠炎，卧床且数月之久。朋友们都为他的健康而担忧，但上月"文协"理事会开会，他特地从北碚赶来而出现于众朋友的面前，他使得我们的忧虑为之一宽。艰辛地从事于文艺创作二十年之久的老舍先生，他的对于民族祖国的挚爱和热望，他的正义感，他的对于生活的严肃，正以有增无减的毅力和活力，为抗战文艺贡献了他的卓越的才华，而病魔亦无奈他何！

《光辉工作二十年的老舍先生》

叶圣陶：作品乃人格之表现

去年夏天在桂林，会见了阔别五年的圣陶。

我是三月间到了桂林的。到后不久，就听得开明书店的朋友说，彬然①已在重庆，将赴成都，这次一定要拉圣陶来桂林了。

那时从香港出来，到了桂林的几个熟人，除我不算，至少还有两三位是圣陶的老友，而且都是"八一三"上海战役分手以后一直不曾聚在一处的。"八一三"后，圣陶先到他故乡苏州。后来从苏州出来，他就一直朝西走。二十七年春，我到武汉，他已经去重庆了。二十八年冬，我经昆明到兰州。那时圣陶早在成都。此后，他就没有走动过。他是不喜动的——一半也因为他拖着一个家，有老有小。所以，他之能够被拉到桂林一游，在朋友们真是喜

---

① 彬然：即傅彬然（1899—1978），浙江象山人。编辑，出版家。

出望外。而当彬然写信给"开明"的朋友，说终于"拉出来了"，我和许多五年不曾和他会过的人便天天盼望着，觉得这多事的五年中，各人的经历，是三日三夜都说不完的。

而且我们相信圣陶也是这样想的。他之毅然作此远游，大概这也是动机之一呢！

后来圣陶来了，在丽园路相见的刹那间，我颇惊讶于他的苍老。的确，五年不见，他老得多了。想起五年来他一家老小颠沛的生活，我的心也沉重起来了。然而我又立即得到宽慰。圣陶的容貌虽然出我意外地苍老，他的精神，他的一切，还是和从前一样的，他还是那样安详而寡言，但是他内心的热情——对朋友的诚恳，对国家民族的关心，对青年的爱护，对文化工作的不懈不怠力行，不但未见减退，我深信是比从前更其旺盛而坚韧。

日子过得很快，桂林一别，又已十八个月。今年圣陶已满五十。白尘来信，谓成都文协的朋友们，将于十一月十五日为圣陶祝寿，纪念他在中国新文学史上光辉的业绩。这一个可喜的音讯，又触动了我的想见圣陶的心思，好些时不能定下来。去年岁暮，我初到重庆。找房子不得，圣陶虽来信，问我可有往成都之意；我何尝不作此想，然而形势扞格，终于不能成为事实。现在欣逢老友五十之庆，我还是困居山城，只好遥祝了。遥想十五这一天，锦绣城外，竟成园中的盛会，只有神往而已。

"五四"时期，圣陶是最早发表小说的一人。小说集《隔膜》等数种，实为中国新小说坚固的基石。他的深入的观察，谨严的剪裁，曾经而且继续在教育着年青的一代。近年来，圣陶很少写小说了，然而他并没搁下笔，作为《中学生》杂志的主干，他在指导青年写作这一方面所倾注的心血，是朋友们都知道的。而且我又想，正像他在写《倪焕之》以前一样，他此时的少写，也许正在准备给我们一次大的惊喜。我相信我这猜度不会远于事实。

圣陶对于中国新文学的光辉的贡献，海内早有公论，决不因我的赞美而加重。我们二十多年的交谊，使我从圣陶的"为人"与其作品看到了最重要的一点，即两者的统一与调和。作品乃人格之表现：这句话于圣陶而益信。凡是认识他的朋友们都不能不感到，和圣陶相对，虽然他无一语，可是令人消释鄙俗之心，读他的作品亦然。你要从他作品之中找寻惊人之事，那不一定有；然而即在初无惊人处有他那种净化异化人的品性的力量。才华焕发，规模阔大，有胜于圣陶的，但圣陶的朴素谨严的作风，及其敦厚诚挚的情感，自有不可及处。我们所以由衷地爱慕圣陶，而圣陶的作品对于青年的教育意义之重大，唯有从这一点才得到了最真切的说明。

《祝圣陶五十寿》

初见郭沫若

郭沫若是创造社的主将，我是一九二一年夏在上海半淞园才与郭沫若第一次见面，但在这之前，我已从《时事新报》副刊《学灯》上发表的他的一些诗认识他了。

正因为我和文学研究会的同人（主要是郑振铎）对郭沫若的诗有这样深刻的印象，所以还在文学研究会发起之时，郑振铎就曾写信给在东京的田寿昌（田汉），邀他和郭沫若一同加入发起人之列，但田汉没有答复。一九二一年五月初，我和郑振铎听说郭沫若到了上海，就由郑振铎发了请柬，由《时事新报》副刊《青光》的编辑柯一岑先容，请郭沫若在半淞园便饭。

那时郑振铎从北京来到上海不久，才接编《时事新报》副刊《学灯》，他曾和我商议，打算办一个文学研究会的会刊，叫《文学旬刊》，附在《时事新报》上。此事已与张东荪说好，准备在五月中旬创

1946年冬，茅盾与郭沫若在上海码头

刊。因为《小说月报》虽由文学研究会的人主编，毕竟要受商务当局的掣肘，办会刊又是文学研究会成立时就确定了的。我们约请郭沫若，除慕名想一见外，就是想当面邀他加入文学研究会，以便把《文学旬刊》办得更有声色。我们还商定，由郑振铎出面谈这件事，因为在交际方面他比我能干得多。

现在上海中年以下的人，恐怕都不知道半淞园了，在二十年代，这半淞园还是上海很出名的休憩游乐场所。园址在南市郊区，脱离了都市的喧嚣。园内有池塘，有亭子，有假山，草木葱茏；还有茶座、饭店以及零星摊贩，供游客方便。我们约定在半淞园门口见面，因为我们中间只有柯一岑认识郭沫若。九时，我们先到，不一会郭沫若也来了。这天，郑振铎和我都穿长衫，柯一岑是一身当时时新的学生装，就是郭沫若穿了笔挺的西装，气宇不凡。我们在园内边走边谈，无非触景生情，天南地北地闲聊，有时也在道旁的长椅上坐一坐。午饭就在园内的一家餐馆里用，餐厅紧临池塘，从窗口望出去能见到一池荷花。饭后，我和柯一岑在一边饮茶，郑振铎就和郭沫若走到池塘边去谈话。事后郑振铎告诉我，郭沫若答应给《文学旬刊》写点文章，但对于加入文学研究会却婉词拒绝了，理由是：他昨天才从成仿吾那里知道，半年前田寿昌曾收到郑振铎的一封信，邀请田和郭沫若一同加入文学研究会，但田寿昌没有把信转给郭，也未答复，显然是他没有合作的意思。现在郭沫若又来加入，觉得对不起朋友。郭表示愿意在会外帮助。当时我和郑振铎都认为郭沫若既如此表示，就不便再劝驾了。不加入团体，也可以合作，这是郭沫若当时回答郑的话，我们也以为是这样。那时候我们不知道郭沫若他们正在酝酿成立另一个文学团体。六月上旬郭沫若回到日本，七月初就在东京成立了创造社。

《一九二二年的文学论战》

哀悼邵荃麟

第一次会见邵荃麟同志，是在桂林。那时，太平洋战争后，香港为日本军占领，东江游击队及在港地下工作者在党的领导下，用难以想象的仔细周密的计划和宏伟的规模，把陷在香港的一千多文化人，通过东江游击区，护送到了桂林及其他安全地区。我和我的妻是到桂林的。此时，在桂林找房子，非常困难，幸亏葛琴[1]同志把她家作厨房用的一间小屋让给我们，才解决了问题。邵荃麟同志和葛琴同志住在这座楼房的朝北的一小间，虽说在楼上，但不见太阳。楼上朝南还有几大间，那是阳光充足的，住着金仲华及其妹，还有宋云彬[2]及其妻、女等。还住着一个"皮包书店"的老板的外室（用那

---

[1] 葛琴（1908—1995）：江苏省宜兴人。作家。
[2] 宋云彬（1897—1987）：浙江省海宁县人。作家，文学史家。

时的话，就是抗战夫人）。

邵荃麟同志此时正在文化供应社工作，编《文化杂志》。宋云彬也是在文化供应社当编辑，但好像清闲得很，每夜都拉人打牌，直到深夜。打牌的四个人是宋夫妇、金仲华以及那位"抗战夫人"。他们时而大笑，时而高声互相抱怨，静夜听了，特别刺耳，使人不能安寝。我有时会从楼下大声抗议，但邵荃麟同志夫妇二人却始终忍受，这大概是因为宋、金二人乃统战对象，所以特别表示优容罢。

抗战前我在上海时，也许会见过葛琴同志，现在记不清了，但记得读过她的作品，印象很深。现在同住在一个屋檐下，却因大家忙于工作，也不能有较多的时间来谈论文艺上的问题。邵荃麟同志当时还领导桂林的一些青年组织讲演会，请人讲演，我曾讲演过一次，讲演整理后登在当时桂林的刊物上。我觉得他当时实在太忙，虽然很想和他多谈谈，却又实在不忍再剥夺他休息的时间。因为我只写文章，白天忙，到了晚上，就休息，但邵荃麟同志却常常晚上还在写作或看书。

解放后，邵荃麟同志到作协来工作了，这就有时间常常向他请教了。他考虑问题的周到，见解的深刻，以及从容安详的态度，都使我很钦佩。但是他身体之弱，却也使我惊骇。他大概比我小这么十来岁罢，但是他骨瘦如柴，常常咳嗽。可是他抱病工作，丝毫不苟。

《沉痛哀悼邵荃麟同志》

施蛰存归还失散图书

《子夜》最初不叫《子夜》，叫《夕阳》，英文名字是 twilight，天快黑的时候。这部稿子最初是要交给商务印书馆在《小说月报》上发表的，可是"一·二八"战争爆发了，商务总厂被炸，《小说月报》没有出版，停刊了。后来我就交给开明书店一次发表，不在杂志上先登了，发表时用《子夜》的名字，不用《夕阳》了。《夕阳》是从蒋介石那方面讲的，可以说"夕阳无限好，只是近黄昏"，这是中国的两句旧诗。一九三〇年蒋介石正是得势的时候，陇海路他又打了胜仗，冯玉祥、阎锡山、汪精卫的联名反对他的进攻被他打败了，他正是势力顶大的时候，但是虽然看起来势力大，却是近黄昏了，当初《夕阳》是取的这个意义。后来考虑不从蒋介石方面讲，而是从革命方面讲，那么是《子夜》了，虽然是半夜，但快要天亮了。笔名当初也不想用茅盾，而用逃墨馆主。中国封建时代的文人向来喜欢用馆主、庵主作为别号。我故意取这样一个名字来迷惑人。为什么叫逃墨呢？因为孟子有一句话：现在天下的人不归杨，则归墨。杨朱和墨翟是战国时代的两个思想完全相反的思想家。杨朱为我，墨子讲兼爱。杨朱，朱者，红颜色的意思，逃墨就是我向往红的。

我的许多原稿全丢失了，唯有《子夜》的原稿，不知怎么还保存下来。抗战时我离开上海，将书（包括英文书）一部分寄存在郑振铎那里，一部分寄存在开明书店图书馆的仓库里，在虹口，上海战争一发生，那里不能进去了，图书馆并没有烧掉，但书被小流氓盗出来卖了。有一个朋友，叫施蛰存，他从前是上海大学中文系的学生，现在还健在。三十年代我和他也打过笔墨官司。他是现代派，因他编的杂志《现代》而得名，"第三种人"就是这个《现代》杂志提出来的。抗战时，他留在上海，没有离开。他在地摊上看到一本保加利亚伐佐夫的《轭下》（讲保加利亚没有独立之前在土耳其奴役之下，像牛马一样，所以叫轭下），这本书我买来自己也看过，总抽不出时间翻译。解放后施蛰存把它翻译出来，把这本书寄还给我，书上有我的图章，我的许多书就是这样失散的。

《答北京语言学院留学生》

向端木蕻良打听好学校

　　端木蕻良是我在抗战前夕接触比较多的一位新作家。他引起我的注意是因为我读到了他给《文学》投来的一篇稿子,署名"蕻良女史",我还以为又出现了一位有才华的女作家。后来见了面,才知道不是女士而是男士。他拿出一部长篇小说——《科尔沁旗草原》请我看,说这是他的处女作,取材于自己的家世。这是一部描写东北的封建地主如何发家又如何溃灭的小说,写得很有气魄,而且文笔流畅,在当时的长篇小说中实属难得。我觉得他的长篇小说比短篇小说写得好。我把这部长篇小说推荐给开明书店,书店已经排版,可是抗战爆发了,未能出版。这部书大概是抗战胜利后或解放后才出版的。

　　我与端木蕻良接触多了,了解到他是清华大学的高材生(《科尔沁旗草原》就是他在清华上学时写的),在北平、天津有亲戚和熟人,就托他打听北平各名牌大学有没有好的附中。因为我的女儿亚男已上高中，但上海的中学风气不好，所以想让她到北方去念书。端木蕻良给我回了一封长信，介绍了北平各校的情形，并建议我女儿去考天津的南开中学。他说，南开"是个很有魄力的群的活动集团"，学生多，设备好，教员称职，比上海的大夏大学附中之类高明不止十倍（我女儿就在大夏附中）。后来他去青岛，我又拜托他了解青岛的圣功女子中学，我听说该校是教会办的一所贵族学校，但英文程度甚高。我的女儿喜欢文学，我打算让她先把英文的底子打扎实。不过，那已是在"七七"事变前夕，不久，时局急转直下，这一切就都谈不到了。

《抗战前夕的文学活动》

贫病交加的王鲁彦

一九四三年夏，物价飞涨。大米一斗二百元，阴丹士林布一百元一尺，冰淇淋三十元一客。作家如无"投笔从商"的门路，或其他财源，仅靠那点稿费，只有饿死。不少著名的作家生活陷于绝境，如张天翼、王鲁彦等。

王鲁彦是二十年代就成名的作家，却在"抗建大业"中，贫病交加，死于桂林。他曾写信向我透露心中的苦闷，信中说："弟于年内得病，一月初起即咳嗽、发热、喉痛、暗哑，并二次见痰中有血。医云肺结核兼喉头结核，至今一月余病状渐轻，而暗哑如故，心中苦闷之至。……得此残疾，真生不如死也。病中得友人之助为筹款购药，因得注射葡萄糖钙十余针，并请医开方服药。然病虽略减，心中愈苦。盖适值寒冬，又逢新年，谷兰常冒风雨，为医药奔走街头，而儿女则多身上无棉，尤以三儿为甚，旧衣均破烂不堪，单裤短至不能盖膝，拖鼻屈背，缩瑟一如小乞。而远近则正鞭炮与鼓乐喧天也。"我曾汇款补其医药费，然杯水车薪，又济什么事！文协发起和组织捐献，就是为了唤起舆论的重视和社会各界的同情，使人民大众知道，当年鲁迅称之为"吃的是草，挤出来的是奶"的中国作家们，现在连草都吃不上了。

《雾重庆的生活》

第三辑：马达的屋子

1926 年春，茅盾与恽代英、张廷灏等在广州

剽悍劲拔萧楚女

萧楚女为湖北人，与恽代英同乡。楚女略长数岁。二人皆健笔，又同为天才的雄辩家，其生活之刻苦又相似。平居宴谈，都富于幽默味；然楚女纵谈沉酣时，每目瞋而脸歪，口沫四溅，激昂凌厉，慑震四座，代英则始终神色不变，慢条斯理，保持其一贯的冷静而诙谐的作风。

二人之文，风格亦不同，代英绵密而楚女豪放，代英于庄谐杂作中见其煽动力，楚女则剽悍劲拔，气势夺人。其于演讲亦然。楚女之演词，有如进军鼓角，代英则有时嘲讽，有时诙谐，有时庄言，历二三小时，讲者滔滔无止境，听者亦无倦容。然雅俗共赏，刺激力强，则又为二人所共同擅长。

当"楚女"之名见于各报各刊物时，读者每以为一女性作家。及知为实一男子，则又想象其气度，以为必潇洒风流，神采照人。某次一集会，楚女已先到，有未与楚女谋面者询曰："萧楚女还没到么？"

楚女即应声答曰："一开会，他就到。"众皆哄然大笑。盖楚女身材高大，面黑而麻，服装随便，有丘八风，远非美男子之伦。然楚女以是久久不得爱人。会有曾往苏联学习归来之郭女士（河北人），亦以未有配偶，郭亦魁梧而面麻，两方稔友咸谓此乃"门当户对"，因为之介。然二人既相晤后，意都不属。民十六春，楚女在粤殉难，犹是独身。而郭女在北方工作，不久亦为捕杀。

民十五春二月，楚女自沪赴广州，任职国民党中央宣传部，并兼黄埔军官学校政治教官。军校学生听楚女课者，凡二三千，大礼堂亦不能容，则在操场中授课。第一次上课，讲未多时，值日官请楚女"再高声些"。楚女嗓子本颇洪亮，然因在露天，人数又多，后排者尚不能听清，于是楚女运气高呼，不意用力太猛，裤带崩断，幸钮扣尚固。裤仅稍落。楚女乃一手按腰，讲完了九十分钟。厥后楚女语人："此为生平第一次窘事"云。

然楚女性格，又有其极温婉之一面。朋辈偶闹意见，楚女常为排解。某君夫妇反目，楚女力劝其妻，卒归和好。

北伐军兴，楚女因肺病不能从军北上，留广州东山医院疗治。翌年病更剧。然仍不能免祸。被捕之日，呕血数碗，两人挟持之，始能步出医院，旋即被害。

《萧楚女与恽代英》

冷静诙谐恽代英

代英毕业武昌文华大学，初为"少年中国社"①
有力分子，后加入中共，为青年运动之健将，曾任
少共中执委。北伐前，上海国民党党务工作受多方
面之压迫破坏，为最艰苦之时代，其时代英埋首为
国民党地下工作，任上海特别市党部之宣传部长。
国民党第二次全国代表大会时，代英为上海六代表
之一，赴广州出席。在大会中发挥其演说之天才，
备受到会代表之拥护。大会闭幕后，代英留粤，任
黄埔军校政治总教官，因其学养有素，器识凝重，
办事负责，生活刻苦，颇得员生信仰。国民政府移
武昌后，中央军事政治学校亦成立，代英仍为政治
总教官。一日，校中同事或言代英将结婚，询之，

---

① "少年中国社"：即少年中国学会。一九一九年七月
由李大钊、王光祁等在北京发起成立，曾出版刊物《少年
中国》《少年世界》等。

则莞尔曰："不抱独身主义的人，大概总有一天会结婚的罢。"再询以日期，则谓"连我也还没知道呢"。越二三月，代英忽请假一天，此为破天荒之事，于是断定其将结婚属实。不料次日一早，代英施施然来，仍是那种喜怒不形于色的冷静而和善的神气，仅新剃了头。来即办公。有询以婚事，则慢条斯理答道："不是昨天已经结过了么？"

代英与其夫人，本属中表，幼时订婚。代英奔走革命，以有家室为累，本要抱独身主义，曾以此意函告父母，其未婚妻闻之，则亦以独身自矢，并教小学自给。至是，代英既因职务在武昌有较长期之居留，遂遵父母之命结婚。夫人端庄淑静，生活亦极朴素，婚后仍教小学。

政变以后，代英复居上海，仍尽力于革命。艰难困苦，非片言可尽。越一载，一机关破获，代英被执，判五年监禁，然而不知其为恽代英也。期满将释，复有叛徒告密，移解以后，即被害。

代英刻苦宽厚，无丝毫嗜好，未尝见其疾言厉色，友朋呼之为"圣人"。终年御一灰布长袍，不戴帽。体貌清癯，而精力过人。横遭摧折，不得展其抱负，是亦中国革命一大损失也，呜呼！

《萧楚女与恽代英》

马达的屋子

东山教员住宅区①有它的特殊的情调。

这是一到了这"住宅区"的人们立刻就会感到的，然而，非待参观过各位教员的各种个性的"住宅"以后，说不出它的特殊在哪里；而且，非得住上这么半天，最好是候到他们工作完毕，都下来休息了，一堆一堆坐着站着谈天说地，而他们的年轻的太太们也都带着儿女们出来散步，这高冈上的住宅区前面那一片广场上交响着滔滔的雄辩，圆朗的歌音，及女性的和婴儿的咿咿呀呀学语的柔和细碎的话声的时候，其所谓特殊情调的感觉也未必能完整。

而在这中间，马达②的巨人型的身材，他那方脸、浓眉、阔嘴，他那叉开了两腿，石像似的站着的姿势，他那老是爱用轩动眉毛来代替笑的表情，

① 东山教员住宅区：指延安鲁迅艺术文学院教员住宅区。
② 马达（1903—1978）：广西北流人。木刻家。

而最后，斜插在嘴角的他那枝硕大无比的烟斗，便是整个特殊中尤其突出的典型。

不曾听说马达有爱人，也没有谁发现过马达在找爱人：他是"东山教员"集团内少数光棍中间最为典型的光棍。他的"住宅"就说明了他这一典型，他的"住宅"代表了他的个性。没有参观过马达的"住宅"，就不会对于"东山教员住宅区"的各个"住宅"的个性了解得十分完整。

门前两旁，留存的黄土层被他削成方方整整下广上锐的台阶形，给你扑面就来一股坚实朴质的气氛，当斜阳的余晕从对面山顶淡淡地抹在这边山冈的时候，我们的马达如果高高地坐在这台阶的最上一层，谁要说这不是达·芬奇的雕像，那他便是没眼睛。白木的门框，白木的门；上半截的方格眼蒙着白纱。门楣上刻着两个字：马达。阳文，涂黑，雄浑而严肃，犹似他的人。

但是门以内的情调可不是这般单纯了。土质的斗形的工作桌子，庄重而凝定，然而桌面的二十五度的倾斜，又多添了流动的气韵。后半室是高起二尺许的土台，床在中心，四面离空，几块玲珑多孔的巨石作了床架，床下地面繁星一般铺了些小小的石卵，其中有些是会闪闪耀着金属的光辉。一床薄被，一张猩红的毯子，都叠成方块，斜放在床角。这一切，给你的感觉是凝定之中有流动，端庄之中有婀娜，突兀之中却又有平易。特别还有海洋的气氛，你觉得他那床仿佛是个岛，又仿佛是粗阔的波涛上的一叶扁舟。

然而这还没有说尽了马达这"屋子"的个性。为防洞塌，室内支有木架，这是粗线条的玩意。可是不知他从哪里去弄来了一枝野藤（也许不是藤，总之是这一类的东西），沿着木架，盘绕在床前头顶，小小的尖圆的绿叶，缨络倒垂。近根处的木柱上，一把小小的铜剑斜入木半寸，好像这是从哪里飞来的，铿然斜砍在柱上以后，就不曾拔去。

朝外的土壁上，标本似的钉着一枝连叶带穗的茁壮的小米。斗形的工作台上摆着全副的木刻刀，排队一般，似乎在告诉你：他们是随时准备出动的。两边土壁上参差地有些小洞，这是壁橱，一只小巧的表挂在左边。一句话，所有的小物件都占有了恰当的位置，整个儿构成了媚柔幽娴的调子。

巨人型的马达，就住了这么一个"屋子"。一切都是他亲手布置，一切都染有他的个性。他在这里工作，阔嘴角斜叼着他那硕大无比的烟斗。他沉默，然而这像是沉默的海似的沉默。他不大笑，轩动着他的浓重的眉毛就是他代替了笑的。

《马达的故事》

悼念胡愈之兄

　　大概是民国九年的下半年罢，我第一次认识了胡愈之兄。那时我们同在商务印书馆编译所工作，可是因为工作的部门不同，我们相识，已在同事一年以后了。在这以前，自然不是没有见面的机会，上班下班的时候，从工厂大门到涵芬楼那一条铺着轻便铁轨的路上，我时常看见这么一个人：身材矮小，头特别大，脸长额阔，衣服朴素，空手时候少，总拿着什么外国书报，低头急走，不大跟别人招呼。那时我不知道他是谁，只知他在理化部工作，而当时商务印书馆的理化部有"绍兴会馆"之戏称，那么，想来他也是绍兴人了。有时候，也看见他和一位高而瘦的老者边走边谈，老者总有五十多岁了罢，但毫无龙钟之态，而且谈吐之间还使人感到他富有年轻人的热情；这一位老者我却知道就是杜亚泉[①]

————

[①] 杜亚泉（1873—1933）：浙江绍兴人。教育家。曾任上海商务印书馆编译所理化部主任并主编《东方杂志》。

先生，在中学读书时，我念过杜先生所编的动物或植物学教科书。

当时愈之兄虽在理化部，却与"理化"不生关系。他是帮忙《东方杂志》的编译工作的。《东方杂志》那时由杜亚泉先生主编，而杜先生又是"理化部"的部长。《东方杂志》那时并不成立另一机构，帮忙《东方》编务的，除愈之兄外，还有两三位，也都名在"理化部"中。这样的局面直到民国十一年罢，方才有了变更。

这一个时期（民国九年到十一年罢），愈之兄主要的工作是选择并介绍欧美杂志上的文章，从政治、经济，乃至哲学文学。后来他对于文学似乎特别有兴趣了。我们由相识而相熟，也是以"文学"为媒介。文学研究会成立后不久，郑振铎兄也来上海，也在商务印书馆编译所工作，于是有文学研究会上海分会的会刊《文学》之编行，愈之兄是负责人之一，他支持这刊物直到他第一次出国游法。

"一二·八"后，《东方杂志》重整旗鼓，成立了完全独立的机构，以进步的姿势，适应时代的要求，那时负责主编的，就是愈之。在这时候，《东方杂志》是充满了进取活泼的精神的。从那时期的《东方杂志》便反映了愈之兄的远大的眼光，周密的思考和注意，坚持着民众的立场，坚持着两条战线的斗争，以及计划性、组织性等等卓越的才能。然而不到半年，因与书馆当局意见不合，愈之兄毅然去职。

1946年12月，茅盾离开上海前往苏联时与友人在一起

　　此后数年，他一方面在哈瓦斯社①工作，一方面努力于文化出版事业之推进。他并不自办出版社，也不自编刊物，可是出版家或刊物的主持人如果认真想把工作做好，做得有意义，那他一定很热心地给以帮助。他贡献他的经验和智慧，代人设计，代人

————————

① 哈瓦斯社：世界上最早的通讯社。一八三五年成立于巴黎。一九四四年八月巴黎解放后解散，改建为法新社。

拉稿，甚至还代人调解人事纠纷；他任劳任怨，不为名，不为利，白赔上精神和时间，以此为乐。我记得有过几次，著作人和出版家发生了摩擦，都由他从中解释而无事。仅有一次，他的努力是失败了，卷入在那次不幸事件中的一二年轻朋友当时曾谓愈之"太妥协"，现在回想也许要觉得不对；在原则问题上，愈之是绝不妥协的，不论对方是谁，不然，他为什么敝屣《东方》而不干呢？但是他又决不是好逞意气，专顾一面，为小而失大，或以激昂姿态博幼稚者喝采而沾沾自喜的人。他在文化出版界二十年，始终没有独树一帜或组织小集团的不光明正大的企图，他确是时时处处以大局为重，以民族文化的利益为大前提的。这不是我一人的私见，凡深知愈之者当亦首肯。

那时候，由愈之创意设计的刊物，较知名者有《世界知识》《文学》《月报》（此为大型集纳性之"文摘"式的刊物，开明出版），而《新生》和《永生》也有他的心血在内。由于他的帮助，有好几家书店曾经确定了颇有意义的出版计划，而且有几个报纸（主编和愈之相熟的）也接受了他的劝告，而得改进。朋友们戏呼他为"设计专家"，决不是出于俏皮，而是由于衷心的钦佩。

抗战以后，愈之曾一度在政治部第三厅工作，后来他在桂林办文化供应社，旋又至新加坡办报，以迄太平洋战争爆发；敌人攻新加坡时，愈之及陈嘉庚先生等曾组织华侨助英军作战。新埠既陷，国内友人急欲知愈之下落，而传言纷歧，吉凶莫测。侨胞脱险归国者仅知新埠战事至最后五分钟，愈之等尚坚守岗位。久之始得确息，他在荷印一小岛上打游击，而郁达夫、王纪元、王任叔①诸兄，亦在一起。谁又想得到在这日寇节节败退，荷印解放在即的时候，忽然又接到他已故世的噩耗呢！谁又想到在这民主潮流弥漫全世界，法西斯黑疫将被最后消灭的时候，他竟在战斗中倒下了呢！

《悼念胡愈之兄》

---

① 王任叔（1901—1972）：笔名巴人，浙江奉化人。文艺理论家，作家。著有《文学论稿》及长篇小说《莽秀才造反记》等。

忆冼星海

和冼星海见面的时候，已经是在听过他的作品（抗战以后的作品）的演奏，并且是读过了他那万余言的自传以后。（这篇文章发表在延安出版的一个文艺刊物上，是他到了延安以后写的。）

那一次我所听到的《黄河大合唱》，据说还是小规模的，然而参加合唱人数已有三百左右；朋友告诉我，曾经有过五百人以上的。那次演奏的指挥是一位青年音乐家（恕我记不得他的姓名），是星海先生担任鲁艺音乐系的短短时期内训练出来的得意弟子；朋友又告诉我，要是冼星海自任指挥，这次的演奏当更精彩些。但我得老实说，尽管"这是小规模"，而且由他的高足，代任指挥，可是那一次的演奏还是十分美满——不，我应当承认，这开了我的眼界，这使我感动，老觉得有什么东西在心里抓，痒痒的又舒服又难受。对于音乐，我是十足的门外汉，我不能有条有理告诉你：《黄河大合唱》的好处在哪里。可是它那伟大的气魄自然而然使人鄙吝全消，发生崇高的情感，光是这一点也就叫你听过一次就像灵魂洗过澡似的。

大约三个月以后，在西安，冼星海突然来访我。

那时我正在候车南下，而他呢，在西安已住了几个月，即将经过新疆而赴苏联。当他走进我的房间，自己通了姓名的时候，我吃了一惊，"呀，这就是冼星海么！"我心里这样说，觉得很熟识，而也感得生疏。和友人初次见面，我总是拙于言词，不知道说些什么好，而在那时，我又忙于将这坐在我对面的人和马达的木刻中的人作比较，也和我读了他的自传以后在想象中描绘出来的人作比较，我差不多连应有的寒暄也忘记了。然而星海却滔滔不绝说起来了。他说他刚出来，就知道我进去了，而在我还没到西安的时候就知道我要来了；他说起了他到苏联去的计划，问起了新疆的情形，接着就讲他的《民族交响乐》的创作。我对于音乐的常识太差，静聆他的议论（这是一边讲述他的《民族交响乐》的创作计划，一边又批评自己和人家的作品，表示他将来致力的方向），实在不能赞一词。岂但不能赞一词而已，他的话我记也记不全呢。可是，他那种气魄，却又一次使我兴奋鼓舞，和上回听到《黄河大合唱》一样。拿破仑说他的字典上没有"难"这一字，我以为冼星海的字典上也没有这一个字。他说，他以后的十年中将以全力完成他这创作计划；我深信他一定能达到。

我深信他一定能达到。因为他不但有坚强的意志和伟大的魄力，并且因为他又是那样好学深思，勇于经验生活的各种方面，勤于收集各地民歌民谣的材料。他说他已收到了他夫人托人带给他的一包陕北民歌的材料，可是他觉得还很不够，还有一部分材料（他自己收集的）却不知弄到何处去了。他说他将在新疆逗留一年半载，尽量收集各民族的歌谣，然后再去苏联。

那天我们的长谈，是我和他的第一次见面，谁又料得到这就是最后一次呵！"要写，还得回中国来！"这句话，今天还在我耳边响，谁又料得到他不能回来了！

《忆冼星海》

我所见的陶行知先生

看行知先生的外貌，朴实平易，其不"漂亮"与多土气，比江浙乡下老秀才更甚，至于一般的上海的小学教员谁都比他漂亮些，洋气些。这样一个和"罗曼谛克"一字是连不起来的。可是我总觉得他是一个"浪漫派"，彻头彻尾的"浪漫派"。他干的是教育，但是他的口里是个"诗人"。他的诗人气质非常浓厚，他不但写了许多诗，他的"育才"和"社会大学"也是"诗"，可惜两者都是未完成的杰作。他讴歌创造，拥护育才，颂扬劳动，他为我们唱未来的理想之歌，用脑用手再不分家，人人能发挥天才，人人能创造。看呀，不是"浪漫派"，敢说这样天马行空的话么——尤其是教育家，尤其是并非徒托空言而在实验的教育家。

初识行知先生，会觉得他是一位古板的老先生，日子久了，来往多了，你就觉得这位古板的老先生骨子里是个"顽皮的小孩子"；他日常扁起嘴巴不多发言，好像冷冰冰毫不动感情，但他一开口讲演，可真是热情澎湃，这又是他的诗人气质之流露。

有人说：正因为行知先生本质上是"浪漫派的诗人"，所以他开创事业的气魄有余，而发展事业的组织力不足。这批评，在一方面看来，容或可以成立，然而事业之不能尽如理想发展尚有一最大原因，即环境之恶劣。行知先生自办晓庄以来，无日不受压迫；他日常忙于筹划经费，消耗了很多的精力，即如这次他的死，也和他的过分疲劳（为社会大学之经费奔走）有大部分的关系的。

《我所见的陶行知先生》

朴素坚贞的沈钧儒

衡老①是我的乡先辈，但是一向无缘拜识，直到抗战时我从新疆到重庆，友人们介绍到枣子岚垭暂住，这才同衡老有了朝夕相见的机会了。枣子岚垭这幢重庆式的洋房，究竟住了多少人家，我始终弄不明白；但知二楼住的是衡老和他的子女、王炳南一家。我住三楼的一个长方形房间，我们只夫妇二人，身外又无长物，住这么一间也觉得空荡荡的。

那时候，正当皖南事变前夕，重庆政治空气一天天在紧急，衡老奔走国事，十分忙碌，可是忙而不乱。他的生活依然那样秩序井然：早起必做健身术，然后会客，然后出门去办事。来拜访他的人，常有为了私事而刺刺不休的；衡老很有耐心地听着，也劝解几句，可是当他出外办事的时间一到，他就毫不迟疑地起身送客。

---

① 衡老（1876—1963）：即沈钧儒，字衡山。

衡老生活之朴素，在我所认识的前辈先生中，可推第一，尤其令人钦佩的，是他的朴素，出于自然，绝无一丝一毫的矫饰。他没有任何嗜好，除了石头。但他的爱石头，也和从前一些名士的爱石头，完全不同。他的房间里摆了许多大小不等的石头。这些石头，在从前的名士派看来，是不配作为案头清供的。衡老也并不把它们当作"清供"。有一次，他对我谈这些石头的来历，我这才明白：原来这些石头有一大部分是有历史意义的。这些石头，都不是买来的，而是衡老自己拾来的。他可以指着一块其貌不扬的石头说：这是某年某月因某事至某处拾来的。至于他单单拾石头，当然取其坚贞。坚贞二字，最恰当地形容了衡老的伟大人格。衡老从无疾言厉色，他也不是雄辩家，但是在原则问题上，他是寸步不移的！他不以言语见长，而以行动示范。

《忆衡老》

敏锐善辩的蔡和森

　　一九二三年六月召开的中国共产党第三次代表大会，决定了第一次国共合作。为了适应新的形势，大会又决定成立上海地方兼区执行委员会，除上海外，兼管江苏、浙江两省。第一任委员长是邓中夏同志。我被选为执委兼新设立的"国民运动委员会"的主任。"国民运动委员会"的工作主要是与国民党员合作，发动社会上的进步力量参加革命工作等。实际上是做统一战线工作，对象主要是知识分子。当时蔡和森同志是在党中央负责宣传工作，兼《响导》周报的主编。因为这样的工作关系，我和蔡和森同志有点往来，还听过他的几次讲演。他给我的印象是：热情，不修边幅，思想锐敏，善辩，是当时党内少数理论家之一。蔡和森同志因为是中央委员，没有编在上海地方兼区执行委员会下属的党小组内（当时中央委员因工作需要可不编入小组），但上海地方兼区执委会开会时，他有时代表中央出席指导。他还担任了执委会为了对党员进行教育而组织的小组讲演会的讲演人。这种小组讲演会每月举行一次，讲演人除了蔡和森同志外，还有瞿秋白同志、邓中夏同志、恽代英同志、向警予同志等。

这一时期我仍在商务印书馆编译所任职，同时给化名为钟英的党中央传递文件和刊物。最近看到了陈独秀给胡适的六封信（一九二三年十二月六日至一九二四年二月二十五日），专门替蔡和森同志向商务印书馆催索稿费。其中一九二三年十二月六日的信说："商务三百元蔡君已收到，嘱为道谢。余款彼仍急于使用，书稿请君早日结束，使商务将款付清。款仍交雁冰转蔡可也。"这里所指的书稿大概是蔡和森同志在上海大学讲课时编撰的《社会进化史》。天长日久，我对此事早已忘却了。现在，五十五年之后，才知道当时蔡和森同志就是靠这次的稿费，解决了他母亲葛健豪老人带着蔡畅同志和李富春同志的刚满一岁的女儿从法国回国的路费，以及他夫人向警予回湖南生第二个小孩所需的费用。这也是我可以引为欣慰的事。

《纪念蔡和森同志》

于逢：一名文学青年的成长

回想起来，这是六年前了。那时我在香港，担任着那时刚刚迁到香港出版的上海《立报》的副刊《言林》的编辑事务。那时，武汉大会战正到了最壮烈也是最后一阶段，敌人忽然三路向广州进攻。当最后一班的"省港"小轮载了大批仓皇逃难的人们到达香港以后，广州失陷的谣言立刻传播了开来，并且夹着许多莫名其妙的"神话"；但接着也就来了相当可信可也不能怎样叫人乐观的消息。其中之一是说广州虽然万分紧张，却还镇定，并且"我大军赴援，已在途中"；另外一个消息则谓"广州已经武装民众"，连那些受到训练的女壮丁也武装起来了；第三说，便是大批的文化人和知识青年业已从军。

不久，从报章上知道了广州撤守，也从转辗而来的私人消息中证实了确有不少文人和知识青年在紧张而兴奋的瞬间跑进了部队去工作。而几乎是同时，也听到了若干不幸的传闻，例如蒲风的死，以及欧阳山、草明的失踪。特别是关于蒲风，"传闻"中描写他如何乘军车中途遇见敌人，如何坐在司机旁边的他在敌人的第一阵弹雨中就受伤而死——真是有首有尾的一个故事。

直到第一篇描写广州战役之一角的短短的速写，经过澳门寄到我手里的时候，方才知道欧阳山和草明已经脱险，而蒲风之死最好还是存疑。这短短的速写的作者，便是于逢，这离广州的撤守大概也有一个月了。

又过了几天，于逢到了香港；他说，他有一个机会再到部队里去工作，他说，另外还有一二个朋友在澳门等他一同去，他说，他们得张罗一点盘川，他们都写得有些稿子。

就是这样，他弄到了区区二十多元的港币，再经过澳门回到了内地，进部队去工作。

这以后，我也离开香港到遥远的风砂中去了。在一年半的时期内，朋友们不知道我在做些什么，我也不知道朋友们在做些什么。然而当二十九年冬季我到重庆的时候，却看到了文坛上不少灿烂的花朵，并且读到了好几部原稿，其中之一便是于逢和易巩合作的《伙伴们》，去年在桂林，又遇见了《伙伴们》的两个作者并且读了他们的原稿《乡下姑娘》和《杉寮村》。短短的几年工夫，变化是这样的多，然而这两位青年的作者在时代的险恶浪潮中，居然无恙，并且随着民族的艰苦的斗争的进程也锻炼了自己，完成了文学的力作，这真是可以庆幸的事。

《读〈乡下姑娘〉》

短小精悍、天真快乐的丁聪

认识丁聪兄，是在"太平洋战争"爆发之前四个月。那时候，一个小型的半月刊《笔谈》①正待出版，而丁聪兄刚巧也到了香港。我们一听到"小丁"来了，立刻就想拉他来担任《笔谈》的"美术设计"。承蒙他慨然允诺，于是在八月初旬某一天的傍晚——晚报上正以大字标题报告苏联红军且战且退，而北非战事亦颇严重的时候，在皇后道的某"状师大楼"（《笔谈》社在这里挂得有一块招牌的），我第一次会见了"小丁"。这以前，我是只在他的作品中想象他的丰采，我把我向来见过的艺术家的仪表，长而且乱的头发，苍白脸，乃至大领结，来想象未识面的"小丁"，这可完完全全失败了。"小丁"给我的第一眼的印象是一位运动员。直到现在，我每逢读到小

---

① 《笔谈》：综合性文艺半月刊。茅盾主编。一九四一年九月一日在香港创刊，同年十二月停刊。

丁的画，我眼前便跳出一个短小精悍、天真快乐的运动员。

《笔谈》如果有值得夸耀的地方，其中之一便是我们这位"美术设计"的专员。除了一般的设计外，他又常为重要的文章特绘插图。当时铸版印刷等等条件还都方便，我们颇有意将这小型刊物妆点得漂亮些，因为据说这也是当时南洋的大多数读者——看惯了美国风刊物的读者，所喜欢的。

然而当时我们竟不曾想到应该让小丁来一个大展天才的机会——来一个连载的故事画，比方说，图画的《阿Q正传》。

十八天的战争，香港沦陷。又十有四日，我们从这血腥的孤岛逃回祖国。中途在某处略歇，我又看见了小丁；原来他刚巧也是走了同一条路。那时，他的运动健将似的丰采，他的天真而快乐的容颜，至今仍留在我脑海。

这已经有了两个年头了。小丁在此两年中，不曾放下了他的画笔。虽然大后方的困难到极点的铸版印刷的条件，好像画家们除了开画展便没有用武之地似的，小丁却战胜了这一切的困难，我们现在又幸运地读到了他图画的《阿Q正传》。

《读丁聪的〈阿Q正传〉故事画》

与孙毓修合译图书

　　孙毓修年约五十多，是个瘦长个子，有点名士派头。他是前清末年就在商务编译所任职，是个高级编译。他似乎又有点自卑感；后来我才知道这自卑感来自他的英文程度实在不算高。他不问我对翻译感兴趣否，也不谈合译什么，却自我介绍道："我是版本目录学家，专门为涵芬楼（编译所的图书馆）鉴别版本真伪，收购真正善本。有暇，也译点书。有一部书，我译了三四章，懒得再译了，梦旦先生说的合译，就指这个。"我说："是什么书？莎士比亚的戏曲？还是……"孙毓修插口道："不是，你看。"他从书桌上杂乱的木版书中找出一本英文书，我一看是卡本脱（他译音为谦本图）的《人如何得衣》。孙又从抽屉找出一束稿纸，是他译的该书前三章。他说他的译笔与众不同，不知道我以为如何？我把他译的那几章看了一下，原来他所谓"与众不同"者是译文的骈体色彩很显著；我又对照英文原

1946年秋在杭州（前排左起凤子、赵清阁、孔德沚、茅盾，后排左起陈白尘、洪深、阳翰笙、葛一虹）

本抽阅几段，原来他是"意译"的，如果把他的译作同林琴南的比较，则林译较好者至少有百分之六十不失原文的面目，而孙译则不能这样说。孙毓修老先生以前曾以同样方法，"译"过卡本脱的《欧洲游记》，颇受读者欢迎，因为借此可以知道欧洲各国的简单历史、风土、人情等等。我想，林译的原本是西欧文学名著，而孙已出版的《欧洲游记》和译了几章搁起来的《人如何得衣》不过是通俗读物，原作者根本不是文学家，不过文字还流利生动，作为通俗读物给青年们一点知识，倒是当时欧美社会所需要的，所以在欧洲也曾列于畅销书之列，再加以出版商的广告吹嘘，也曾轰动一时，但料想是不过几年就会被人遗忘了。

我想了一会就说："老先生的文笔别具风格，我勉力续貂，能不能用，还得老先生决定。"孙毓修自负地笑道："试译一章看罢。"我重读了孙老先生"译述"的前三章原稿，就用他的意译方法，并摹仿其风格，以三四天时间译出了一章。当我把原稿交给孙时，他带点轻视的意味说了一句："真快。毕竟年轻人精力充沛。"可是他看完了原稿后，笑道："真亏你，骤看时仿佛出于一人手笔。"我说："惭愧。还得请你斧削。"他又自负地点了点头。可是执笔沉吟半响，只改了二三处几个字，把原稿还给我，就说："你再译几章，会更熟练些。"我问他："不跟原书校勘一下么？也许我有译错之处。"他摇头道："本馆所出的译本，向来不对校原作，只要中文好，就付印。"这真使我大吃一惊。后来知道，这是因为当时编译所中并没人做这项校勘译文的工作，虽然所中懂外文的人并不缺乏，但谁也不愿意做这种吃力不讨好而且难免会得罪人（如果指出译笔有错误）的事。

《商务印书馆编译所》

第一次会见陈独秀

　　大概是一九二○年年初，陈独秀到了上海，住在法租界环龙路渔阳里二号。为了筹备在上海出版《新青年》，他约陈望道、李汉俊、李达、我，在渔阳里二号谈话。这是我第一次会见陈独秀。他，中等身材，四十来岁，头顶微秃，举动随便，说话和气，没有一点"大人物"的派头。我们曾在上海报上看到他于一九一九年夏季被捕、关押三个月的消息，都想知道详细情况。他笑了笑，滔滔不绝地说了一大堆话。但因安徽土话腔调很重，我不能完全听懂。现在回忆起来，记得他是在北京各大院校暑假期间，起草了一个《北京市民宣言》，痛骂当时的段祺瑞政府，列举其祸国殃民的罪状，并责成段政府立即执行北京市民提出的十多条要求，其中一条是枪毙京师卫戌司令段芝贵。这个《北京市民宣言》，印成传单形式，由陈和高一涵在中央公园（即今中山公园）茶客中间巧妙而不被人注意地散发，当时就大为轰动。但也引起了段政府的恐慌。第二次，陈、高及其他二人又在晚上到新世界（类似当时上海的新世界，是一个五花八门的游艺场所）散发，不料段政府早已派出京师卫戍司令部和京师警察厅的暗探，穿了便衣，扮作游客，在各公园、戏园、游艺场所，侦查发传单的人。陈独秀在新世界屋顶花园平台上，向下散发传单时，被暗探抓住，绑架到警察厅，关押起来。陈独秀讲到这里，仰面笑道："幸而是被警察厅的暗探弄了去，厅长吴炳湘（安徽人）向来以为我是有名望的文人，那时我虽在牢房，没有吃苦；如果被京师卫戍司令部的暗探弄了去，我一定马上被段芝贵枪毙了。我发的传单上不是要求枪毙段芝贵吗？"陈独秀在警察厅关押了三个月，几个在北京的安徽老政客连名具保，吴炳湘卖个人情，放了陈独秀。此时陈已辞去北京大学文学院长之职，就闲居在家。但寓所前后左右仍有便衣暗探，昼夜监视。此次来上海，是李大钊设法，化妆商人，保护他到天津，然后乘轮船南下。

在陈独秀被捕以前，因为《新青年》的编辑方针，与胡适为首的北京大学教授中的右派发生冲突。陈独秀、李大钊主张《新青年》谈政治，而胡适及其追随者主张不谈政治，甚至要在《新青年》上发表不谈政治的宣言，而把《新青年》办成单纯研究文、史、哲的学术性刊物。当然此所谓"哲"是指十九世纪资产阶级的唯心主义哲学，特别是胡适所崇拜的美国哲学家杜威的实验主义；而所谓研究文、史的方法，亦无非是"大胆假设，小心求证"。陈独秀一怒之下，说《新青年》本来是他创办的，他要带到上海去。陈独秀被捕又释放后，他在北京不能存身，及至秘密来沪，《新青年》在上海出版，已成定局。《新青年》就在上海法租界环龙路渔阳里二号（即陈的寓所）建立了编辑部，又在法租界法大马路大自鸣钟对面自办发行所。

《复杂而紧张的学习、生活与斗争》

洪深：轰动上海滩的演出

　　简短讲一下我怎样第一次认识洪深。当我和汪仲贤等发起戏剧协会并出版刊物时，洪深在美国知道了，就写信给戏剧协会，表示可以协助。当时由汪仲贤写了复信。一九二二年春，洪深回国；他在美国哈佛大学的文学与戏剧系毕业，是我国最早的在国外受过正式训练的少数人之一。哈佛大学担任"戏剧编导"一课的倍克，是当时美国有名的老教授。每年美国青年想进哈佛大学学"戏剧编导"的，约有三百余人，而倍克只取十一人，至多十四人；学生的考卷是学生自己作的多幕剧及独幕剧各一部，倍克亲自阅读，决定取或不取，极为严格。洪深是考进哈佛大学这个系的第一个中国人。后来洪深又在坎雷博士主办的波士顿表演学校学习发音、表演、跳舞的基本技术。最后，他又到一家剧场附设的"戏院学校"实习，那就是上台演戏了。

　　洪深回国后，先在南洋烟草公司任职，业余也搞戏剧，写过一个话剧《赵阎王》，还自任主角演出过。后来他又到复旦大学教英文。汪仲贤介绍我认识了他，但也没有更多的交往。大约在一九二四年上半年，洪深参加了欧阳予倩、应云卫等人组织的上海戏剧协社，并且导演了英国王尔德的话剧《少奶奶的扇子》。这剧原名叫《温德米夫人的扇子》，洪深为了通俗，改为《少奶奶的扇子》。剧本就是洪深自己翻译的，译文很准确，很风趣，又很通俗，是地道的白话。演员都是尽义务的，有学生，有教员，有他的朋友，以及朋友的夫人，大多数是戏剧协社的社员。他借了黄炎培办的中华职业教育社的礼堂，但舞台太小，还作了改装扩大。五月四日，第一次演出，不卖门票，完全请客招待。他也给我送来了票。我去一看，大开眼界，啊，话剧原来是这样的！在这以前，上海也有中国式的"话剧"，叫做"文明戏"，我在一九一三年报考北京大学时，在上海就看过这种"话剧"，剧本不是预先写好的，演员的台词是上了台临时凑的。后来在一九二一、二二年，上海的中西女塾和神州女校的学生排演过外国的戏剧，但都不是正规的话剧演出，也不是男女同台。只有这一次演出《少奶奶的扇子》，才是中国第一次严格地按照欧美各国演出话剧的方式来演出的：有立体布景，有道具，有导演，有舞台监督。我们也是头一次听到"导演"这个词。看了洪深导演的这个戏，很觉得了不起，当时就轰动了上海滩。再演时，就卖票了，票价一元、三角两种，相当贵，可是五百张票一抢而光。在观众的强烈要求下，只好一再增加场次，并且更换了演出场地，移到了座位比较多的夏令配克电影院。

《少奶奶的扇子》演出的成功，使洪深一下子出了名。不久，中国人办的第一个电影公司明星影片公司就请洪深去当编导。明星公司的老板之一是演文明戏出身的郑正秋（广东人），那时他还不懂得导演。洪深到明星公司后，导演的第一部片子叫《四月里底蔷薇处处开》，也是他自己写的剧本。洪深还让明星公司招了一批演员，办了个电影演员训练班，这在中国也是头一次。有一天，他由汪仲贤陪着来找我，请我到电影演员训练班去作一次讲演。我当时有些踌躇，讲什么好呢？仲贤从旁说：就讲当年我们创办《戏剧》月刊时所写的宣言的内容好了。这篇宣言，我在《复杂而紧张的生活、学习与斗争》中已经讲过，此处从略。

这个电影演训练班共有三四十人，男女都有，后来大出风头的胡蝶就是其中的一个，年龄大约都是十七八岁，中学程度。我讲了一个多小时，究竟他们懂不懂，我也不明白，只听得有悄悄的笑声，大概是好奇。他们可能不大理解我讲的戏剧的神圣使命，以及罗曼·罗兰的民众戏剧的宗旨。

《文学与政治的交错》

第四辑：傅东华的"怪病"

1939 年 10 月，茅盾与新疆学院同学合影

夏衍改编《春蚕》《林家铺子》

　　一九三三年上半年，沈端先（夏衍）化名蔡叔声把《春蚕》改编成电影剧本，并由明星影片公司摄制成电影《春蚕》。导演是程步高。这是中国第一次把进步的文学作品改编为电影。记得夏衍还陪我同去明星影片公司摄影场参观了影片的拍摄。此后，夏衍就成了我家的常客。可惜明星公司的演员对农村生活不很熟悉，当时又没有让演员去农村体验生活然后拍戏的"制度"，所以这个影片不能说是完美，但由于演员的努力还是相当成功的。例如饰老通宝的萧英，饰多多头的郑小秋，饰荷花的艾霞，饰四大娘的严月娴，饰阿四之龚稼农，饰六宝之高倩苹。直到"文化大革命"前我还保存着那时的几张剧照，能见到当时的情景。夏衍把《春蚕》改编成电影，这是他和我的第一次合作。三十年后我们又有了第二次的合作，他又把我的《林家铺子》改编为电影。但是这次合作却带来了大灾难！《林家铺子》的改编为电影，成为夏衍是"反革命修正主义分子"的罪状之一。现在翻翻三十年代对《子夜》《春蚕》《林家铺子》的某些评论，又回想当年对电影《林家铺子》的批判，觉得两者之间的观点甚有相似之处。所不同的是，三十年代的评论，纯属学术观点上的百家争鸣，谁都不把它放在心上；而六十年代的批判，却成了决定一个艺术家的政治生命和艺术生命的帽子和棍子。

《〈春蚕〉、〈林家铺子〉及农村题材的作品》

傅东华的"怪病"

　　关于傅东华，我打算多讲几句。傅东华，当时在文化界还有点名气，但除了商务印书馆的老人，知道他底细的却不多。他大概是一九二四年进的商务印书馆编译所，我和郑振铎都和他很熟。他本姓黄，傅是外婆家姓，外婆家无男孩，让他承继。他的亲哥哥黄某（忘其名）是江苏省教育厅长，傅自己也有机会做官，但他不愿意做。傅译书写文很快，在商务编译所中是比较有能力的。在政治上他属中间派，但暗地里倾向我们，我和郑振铎都抓得住他。所以让傅东华出面来编《文学》，我们是放心的，而国民党上海市党部鉴于他哥哥的关系，也容易通过。而且傅东华过去有个"怪病"，一年要发作一次，在商务中是人人皆知，这也加重了他的非政治色彩。这"怪病"就是进"轮盘赌"的赌场。当时上海英、法租界当局都禁止开设赌场，但轮盘赌场却成为公开的秘密赌场而存在。开设轮盘赌场的人大都是洋人，和捕房有交情。轮盘赌场不挂牌子，表面看来，是阔人的住宅，轮盘赌的方法，据说是在大圆桌那样的东西上面等距离地刻有三十六个号码，赌者可以选择任何号码押上赌注，自一毛钱至万元乃至十万元不拘，同一号码可以数人押上赌注。大圆桌上有一车轮样的东西，用电转动。车轮装有箭头。开赌时按一下电钮，车轮即飞快转动，最后停下来时，箭头指向一个号码，比方说，指向三号，三号即得彩，凡押在三号上的赌注，不论数目多少，都得到三十六倍的彩头，由庄家付给。押在其他各门的赌注都归庄家所有。庄家即是赌场的老板。所以轮盘赌全碰运气，没有任何技巧；与麻将牌、推牌九不同，前者技巧性很大，后者半靠技巧，半靠运气。赌场又备有各种饮料、点心乃至西餐，赌客随意吃喝，不用付钱；赌场内的侍者是妙龄女郎，更使赌鬼而兼色鬼者流连忘返。轮盘赌一次开彩，不过五分钟，从黄昏到黎明，该开彩多少次呵，赌客们尽有翻本乃至获利的机会，所以，进了轮盘赌场的人，非到黎明，是不肯回家的。

傅东华也就是这样在轮盘赌场混了一夜，然后回家睡觉，不能到编译所上班。一二天后，他上班了，却以种种托辞，向编译所中他比较熟的人们借钱，从一元到百元不等。如此一二天，钱也借得不少，而且再也不能向朋友开口了，他又不上班了。我们正觉得奇怪，傅东华的夫人却来编译所，告诉我们：老傅又犯了老病，不要借钱给他。我们才知道一切。据傅夫人说：每逢傅东华发这"怪病"，最初是搜罗家中的现款去赌，现款完了，就把夫人的首饰、衣服和他自己的衣服上当铺，得钱再赌，当这又完了时，便向编译所的朋友以及编译所以外他所认识的人借钱去赌，直到一切输光，罗掘俱穷，他在家睡了一二天，这场"怪病"算是过去了。于是他"发愤"译书（在馆外翻译），什么都译，得了稿费先还债，然后赎还当铺中的首饰、衣服等等，渐渐手头有点积蓄了，于是老病又发了。我在编译所时见他这"怪病"一年之内发过两次。后来不再发。大概他也从经验中取得教训，知道到轮盘赌场的人没有一个不像他一样总是输得光光的。除非是百万富翁。当然，进入三十年代，傅东华早已和他的"怪病"断绝关系了。不过，这个"怪病"对于我们现在拉他出来主编《文学》，倒是一层保护色。

《多事而活跃的岁月》

沈泽民病故

一九三三年十二月中旬的一天傍晚，鲁迅派女佣人送来一张便条，上面写道：有一熟人从那边来，欲见兄一面，弟已代约明日午后 × 时于白俄咖啡馆会晤。白俄咖啡馆在北四川路底，离大陆新村很近，比较幽静，中国人光顾的不多，我们有时三两个人要商谈什么，而对方又不便领到家中来的，就在那里会面。第二天，我准时来到咖啡馆，见鲁迅已在等候，我问：是谁来了？他答：成仿吾。我不免愕然。成仿吾，我和鲁迅虽同他打过不少笔墨官司，却从未见过面，只听说他到苏区去了。鲁迅道，不会错的，他去找过内山，内山认得他；还有郑伯奇也要来，他们是熟人。正说着，郑伯奇来了，我与郑伯奇好久不见面了，彼此寒暄了几句，才知道他已见过成仿吾。这时从外面进来一个又黑又瘦的小个子，郑伯奇忙站起来招呼，原来就是成仿吾。我们喝了一点咖啡，成仿吾说，他从鄂豫皖苏区来，是到上海来治病的。他问鲁迅能不能帮他找到党方面的朋友。鲁迅说可以,你来得正是时候,过几天就不好办了。于是记下了成仿吾住的地址。成仿吾又对我说,有个不好的消息要告诉你,令弟泽民在鄂豫皖苏区病故了。我的心骤然缩紧,脱口道:这不可能!仿吾道:那边的环境太艰苦了,他的工作又十分繁重,他身体本来单薄,得过的肺病就复发了,加上在那里又得了严重的疟疾,在缺医少药又无营养的条件下,就支持不住了。我又问:是哪一天?葬在哪里?琴秋呢?仿吾答:十一月二十日,我离开的前夕去世的,大概是就地埋葬了。琴秋不在身边,她随红军主力去路西了。我们默然不再作声。待了一会儿,鲁迅打破了压抑的气氛,站起来说,没有别的事,我就先告辞了。我也站起来向成仿吾告辞,和鲁迅一起走出咖啡馆,步行回家。途中,鲁迅问道:"令弟今年三十几了?"我回答:"虚岁三十三。""啊,太年轻了!"快到大陆新村时,我问鲁迅:"你说的党方面的朋友是指秋白吗?"鲁迅点点头,说:"秋白几天以后就要去江西了,所以我说过几天就不好办了。"我说:"这件事我让德沚今天晚上去通知之华,你就不必自己去了。"鲁迅说:"也好,那就拜托你了。"

后来,我从杨之华那里,解放后又从其他同志那里,了解到泽民病故的比较详细的经过。泽民和琴秋于一九三一年五月到达鄂豫皖苏区,泽民任中共鄂豫皖边区中央分局委员,后来又任鄂豫皖苏区省委书记,琴秋则到红四方面军政治部工作。一九三二年夏,蒋介石对鄂豫皖苏区发动了第四次"围剿",张国焘带领红四方面军主力离开了苏区,越过平汉路到了鄂西、川南。泽民则率领部分红军和游击队留在苏区坚持工作。当时泽民肺病复发，同志们劝他随主力到外线去，他不肯，说：我是省委书记，不能离开苏区。而琴秋则随大部队去了路西。一九三三年上半年，泽民与吴焕先、王平章、徐海东等同志经过了艰苦卓绝的斗争，重建了红二十五军，把红军发展到万余人，并使苏区得到了一定的恢复。但三三年六月，蒋介石又集中十几万兵力，对鄂豫皖苏区发动了第五次"围剿"，苏区被割裂和侵占，红军遭到了极大的困难，主力部队不得不化整为零，分散作战。这时泽民又得了严重的疟疾，在频繁的战斗中，每日果腹且不易，更谈不上医疗了。那时，苏区与红四方面军、与党中央都失掉了联系，为了重新建立与中央的联系，向中央报告一年来苏区的斗争和工作，并得到中央的指示，决定派成仿吾去上海找中央。十一月初，泽民已吐血不已，仍坚持亲自向中央写报告，报告一年来坚持苏区斗争的经过，和提出今后红军作战的方针：不能死守苏区之一隅，而要把红军分散为小分队、便衣队，跳到外线活动，采取游击方式来牵制敌人，消灭敌人，以恢复和巩固苏区。就在写完报告后的几天，泽民吐血不止，与世长辞了！临终前，他对战友们说："同志们，要以万死的决心，实现党的斗争方针的转变，去争取革命的胜利！"

之华还告诉我们，泽民给党中央写的报告，就是用药水抄写在一件衬衫上，由成仿吾穿在身上带出来的。在之华把这些事情告诉我们的时候，瞿秋白已经离开上海去江西苏区了。秋白是三四年一月初只身去江西的，之华没有同去。临走之前，秋白来辞行，谈到泽民的去世，也很怆然。秋白与泽民的友谊，比对我的友谊要深。他说，泽民前年去鄂豫皖时，曾与他长谈，并相约革命胜利后，在上海相会，谁料到那一夕谈竟成永诀！秋白当时把一只苏联制的钢怀表送给泽民，对泽民说：这块表是苏联同志送我的，你到了苏区天天要打仗，这只表对你有用，你就留作纪念吧。后来这块表，泽民送给了徐海东，抗日战争时，徐海东又将它送给了彭德怀，全国解放后，彭老总又把这怀表还给了杨之华。现在这块表保存在北京革命博物馆里。

《多事而活跃的岁月》

祝贺长征胜利的电报

最后，再讲一件与史沫特莱有关的事情，这就是众所周知的祝贺长征胜利的电报。一九三六年春节后的某一天，我照例到一些老朋友家去"拜年"，也到了鲁迅家中。告辞时，鲁迅送我下楼。走到楼梯中央，鲁迅忽然站住对我说："史沫特莱告诉我，红军长征已抵达陕北，她建议我们给中共中央拍一份贺电，祝贺胜利。"我也停住脚步道："好呀！"鲁迅继续往下走，又说："电文不用长，简短的几句就行了。"我点着头，转念又问道："可是电报怎样发出去呢？"鲁迅说："交给史沫特莱，她总有办法发出去的。"这时我们已走到楼下，见厨房里有人，就没有继续谈。我因为还要到别人家去"拜年"，就告辞了。后来，因为忙于别的事，见到鲁迅也没有再问起这件事，以后也就忘了。直到四月底冯雪峰从陕北到了上海，才告诉我："你们那份电报，党中央已经收到了，在我离开的前几天才收到的。"由此猜想，史沫特莱一定是把电报寄往巴黎，再转寄莫斯科，才发电报到陕北的，所以花了两个多月的时间。

我第二次又听到讲起这份电报，是在抗日战争中。一九四〇年五月我全家来到延安，暂住交际处。张闻天来看了我。过了几天我去杨家岭回拜闻天。我向他介绍了三十年代上海左翼文学运动内外斗争的种种情形。在谈话中，闻天插了一句："你和鲁迅给中央拍来的贺电，我们收到了。"当时我漫然听之。在我看来那早已是历史陈迹了，当然没有想到要去追问电文的内容。谁能料到这份电报在全国解放后竟成了一大"疑案"，而且成为鲁迅研究的一大节目。其实，鲁迅对共产主义的信仰，对共产党的崇敬，在我与鲁迅的单独接触中，从他的口中听到的多了，只不过这些话他只在极小的范围内讲，在通信中和日记中，他是不谈或故意不记的，而这份贺电不过是他的这种感情见诸文字的一例罢了。

《一九三五年记事》

胡风印象

我与胡风只有泛泛之交，而且是由于鲁迅的关系。我对胡风没有好感，觉得他的作风、人品不使人佩服。在当时左翼文艺界的纠纷中，他不是一个团结的因素而是相反。他还在很大程度上影响了鲁迅对某些事物真相的判断，因为他向鲁迅介绍的情况常常是带着浓烈的意气和成见的。然而鲁迅对他却十分信任，这可以从我向鲁迅谈到胡风的社会关系比较复杂而鲁迅迅速作出的反应中见到。那是在一九三四年秋，我从陈望道、郑振铎那里得知（而他们又是从当时在南京政府做官的邵力子那里听来的），胡风在孙科办的"中山文化教育馆"内领津贴，每月一百元。"中山文化教育馆"是孙科的一个宣传机构，也是他借此拉拢人的一个机构，它搜罗一批懂外文的人，翻译一些国际政治经济资料，发表在他们办的刊物上。这些人工作很轻松，月薪却高达一百元。但孙科又怕左派人士打进去，故须有人担保，他才聘用。胡风是通过什么关系进去的，我不知道，但他把这件事对我们所有的人都保了密，却使人怀疑。我把这件事情婉转地告诉了鲁迅，因为鲁迅与胡风交往甚密，应该提醒他注意。可是鲁迅一听之后，脸马上沉下来，顾左右而言他。我也就不好再深谈了。鲁迅的政治警惕性是十分高的，而我又是他的一个长期共同战斗的战友，可是我向他反映胡风这样的一个问题时，他却一点也听不进去，当时确实使我大惑不解。后来听说在我之前，周扬、田汉、夏衍等曾经向鲁迅提过这件事而遭到了鲁迅的拒绝，我才有点明白。从这件事，也反映出了当时鲁迅与周扬等"左联"领导人之间的隔阂之深，以及胡风在其中所起的作用。

《"左联"的解散和两个口号的论争》

与青年作家的"月曜会"

与青年作家接触多了，所谈的问题又往往相同，于是就产生了何不几个人聚在一起座谈的念头。我想起了前几年出版界文艺界的一些老朋友曾采用过的一种办法——星期聚餐会。这是谁倡议的已经记不得了，有十一二个人，每周聚餐一次，轮流做东，每人每次出一块钱，做东的出两块钱。这样共有十二三块钱，当时就能办一桌很好的酒席了。所以，我们就挑上海的名餐馆轮流着一家一家吃过去。参加的人，记得有郑振铎、傅东华、叶圣陶、胡愈之、夏丏尊、徐调孚、陈望道、王伯祥等。在餐桌上大家互相交换上海政文各界的"情报"，尤其是出版界、文艺界的消息，也解决一些出版编辑上的事务。这个聚餐会到一九三六年上半年就停止了。我想，这倒是一种比较自由的方式，大家可以随便交谈，讨论一些共同关心的问题。我与冯雪峰谈了，也找沙汀、艾芜商量过。但是青年作家与"星期聚餐会"的参加者不同，后者经济都比较宽裕，每周拿出一元来聚餐是小意思，而前者却吃不消，对某些青年作家来说，一元钱意味着三四天的伙食费。最后想出了退一步的办法：一，不固定每周一次，可以两周一次；二，不轮流做东，由我固定做东家；三，用撇兰的方法，根据聚餐人数画一丛兰草，根部注明钱数，一般为四、五、六角，这样多数人将抽到四、五角，这种方式比较活泼；四，饭馆为中小餐馆，六七元一桌，自然也就不能轮流去品尝上海名餐馆的佳肴了。好在我们的目的不在吃饭而是聚会。而且即使这种低标准的聚餐，对于多数青年作家来说也是一次享受。这个聚餐会定名为"月曜会"，因为只在星期一聚会。参加的人大致上是固定的，记得有王统照、张天翼、沙汀、艾芜、陈白尘、王任叔、蒋牧良、端木蕻良等；有时艾思奇也来参加，也就是说，一些刊物的主编有时闻讯也赶来参加，他们是想利用这个机会拉一批稿件。王统照当然不算青年作家，我拉他参加，一则因为他是《文学》的主编，能对青年作家的来稿中存在的毛病提出一些宝贵的意见，二则使他与青年作家熟悉起来，也为《文学》的稿源开辟一个基地。每次"月曜会"一般没有预定的题目，大家随便海阔天空地聊，从国际国内的政治形势、文坛动向、文艺思潮、个人见闻，以至在座的某位作家的某篇新作，都可以谈。这个"月曜会"开始于一九三七年春，到"八一三"上海抗战就停止了。

《抗战前夕的文学活动》

长沙逢旧

　　张天翼是湖南湘乡人，抗战开始，他也像其他许多作家那样"落叶归根"，回了老家。他到长沙已经两个月，参加了当地的一些抗日救亡工作。他和我谈了不少长沙的趣闻轶事，其中就有那样的国民党"抗战官"。我告诉他，生活书店要我去编文学杂志，希望他能为创刊号写点东西，最好是短篇小说，现在大家都写报告文学，小说写得少了，而要办好一个文学刊物，没有小说是不行的。

　　我在长沙见到的朋友，除了张天翼，还有田汉、孙伏园、王鲁彦、廖沫沙、黄源、常任侠等。田汉和廖沫沙在编长沙新出版的《抗战日报》。十六日，以他们这些"外来户"为核心的长沙文艺界还为我举行了一次欢迎茶话会，徐特立也参加了。徐老在茶话会上的即席讲话，有几句给了我深刻的印象，他不赞成青年们离开湖南到陕北去，他认为目前在湖南工作比去陕北更重要。后来，我在写《你往哪里跑?》(即《第一阶段的故事》)的《楔子》的时候,就把徐老这个观点写了进去。

我在长沙还遇到了许杰和朱自清。朱自清是随清华大学迁来长沙的。我们曾渡湘江到岳麓山聚会了一次,还游览了"爱晚亭"。

《烽火连天的日子》

昆明回拜顾颉刚

在香港时，我就知道清华、燕京等大学迁到昆明后组成了西南联大；到昆明后，我从文协云南分会的朋友的谈话中感到这个"外来户"似乎与当地文化界的朋友联系不多，彼此有些隔膜，譬如他们的教授很少参加当地组织的文化活动，与文协分会的联系也不多等。三十日上午顾颉刚得知我路过昆明，就到西南旅社来看望我，我就问起这方面的情形。顾颉刚含混地说了一些主客观原因，如他们新来乍到，人地生疏，情况不明，以及昆明文化界的派别多，意见不一致等等，但也没有说清楚。我觉得这个问题比较重要，因为文化人不团结，文化组织不统一，抗战文化工作就不能顺利开展。于是第二天，我们全家到顾颉刚家中回拜，并想请他陪我去拜会西南联大的几位老朋友，以便更深地谈一谈这个问题。

顾颉刚住在城郊，离市中心相当远，坐人力车约需一小时。他的住宅是临街的一排平房，附近没有商店，也没有市井的喧嚣和尘埃。屋前用竹篱围出一长条花圃，栽有花草。房间宽敞明亮，室内陈设典雅，家具虽多藤竹制品，但做工精细，给人以幽静舒适的感觉。我呵呵笑道：原来你筑了这样一个"安乐窝"，怪不得不肯出门了。顾颉刚说，这是联大的临时宿舍，房主在城里另有公馆，就租给了联大。这样的房子附近还有不少，朱自清他们都住在这一带。将来联大的校舍建成了，我们还要搬的。德沚笑道：你们大学教授就是阔气，这样漂亮的房子还只是临时的。

顾颉刚留我们吃了午饭。饭后德沚带孩子先回旅社去了。我就由顾颉刚陪着拜访了朱自清；佩弦兄又派人去请冰心、闻一多和吴晗，冰心不在家，而我与吴晗是初次见面。这些教授先打听老朋友的消息，尤其关心原来在广州、武汉的一些朋友的行踪和安全。接着就谈起抗战文艺运动中的问题。我作了介绍，发现他们并非不了解情况，相反，他们很注意这些问题，只是自己没有参加进去，取了旁观的态度。我把话题转到外来文化人与本地文化界如何联络感情加强团结的问题。我说，抗战以来我走过不少地方，所到之处都发现这个问题。当地文化界的力量由于历史条件的限制，相对来说比较薄弱，他们欢迎外来的文化人帮助他们工作，但是，往往合作之后却发生矛盾，甚至闹得很紧张。据我观察，两方面都有责任，但我总认为我们这些"外来户"应该多担点责任。吴晗说，沈先生的意见很对，昆明也存在这个问题，我们就很少与当地的文化界联络，因此社会上也有些风言风语，不过，责任还在我们。朱自清说，我们这些人在书斋里待惯了，不适应那种热闹场面，有人就说我们摆教授架子，其实本地的刊物约我写文章，我就从不推托。我笑道，佩弦兄误会了，参加抗战文化活动并不是要我们去学"华威先生"，而是要有个统一的组织，使大家的步调能一致。至于我们这些人的本事，也就是写写文章，对抗战中的各种现象和各种问题发表发表自己的看法。各位的口才都在兄弟之上，还可以向民众作些讲演。顾颉刚说，大家步调一致是对的，但把单方面的意见强加于人就不对了。闻一多说，我们应该先与云南大学的同行加强联络，譬如组织个大学教授联谊会之类，能经常谈谈心，沟通思想。我说，这是个好办法，云南大学的楚图南过去我不认识，这次见面，觉得人很热情，他又是文协云南分会的负责人，你们何不约他交换交换意见，把云南文化界的力量统一组织起来？有了统一的组织，再分工合作，即使有不同意见照样可以保留。这几天我接触了昆明文艺界各方面的人士，觉得云南的抗战文艺工作方兴未艾，有很大的潜力，如能把分散的力量统一起来，那就如虎添翼了！

《从东南海滨到西北高原》

赵丹、徐韬来新疆

　　八月初，我们从博格达山回到迪化不久，盛世才打电话告诉我，赵丹、徐韬等已到达迪化，住在南梁的招待所里，要我代表他去欢迎。德沚听说来了四位女客，又有上海人，很希望能早点见到，于是我就和德沚、亚男一同去看望他们。迪化的招待所，都是督办公署副官处租的民房，我们住的房子，严格说也是招待所。赵丹他们住的招待所是个独立的小院，有点像北京的四合院。他们一行共有四对夫妇和一个单身汉加一个孩子，即赵丹和叶露茜、徐韬和程畹芬、王为一和俞佩珊、朱今明和陈瑛，以及搞音乐的易烈，孩子是赵丹的儿子赵矛，才一岁。和他们同来的还有史枚（林疑今）一家，史是到新疆学院来教书的。他们由重庆租了一辆卡车，从陆路经河西走廊进入星星峡。

　　我们跨进院子就听见吉他声，还有人低声唱着："生活像泥河一样流，机器吃我们的肉……"是俄国的《工人歌》。院子里晾晒着一些式样新颖的妇女衣衫，还有一顶贝雷帽，整个氛围带着一股"洋味"。这时，有一位美丽的少妇从正面的房里走出来，警惕地端详了我们一番，突然笑着问道：是沈先生和沈师母吧？接着就大声喊道：沈先生来看我们啦！又回头对着自己屋里喊：为一，快出来，沈先生来啦。原来这位就是俞佩珊。吉他声戛然而止，所有的房门都打开了，我见到了他们全体——五男四女。五位男的都晒得黑黑的，塞外的风沙在他们的皮肤上留下了明显的痕迹；四位女性却仍旧那样娇艳。后来才知道，女眷和孩子在兰州乘上了飞机，没有经受大戈壁的洗礼。但不论皮肤黝黑抑或白皙，他们一举手一投足就露出了艺术家的风度，并造成一种特殊的气氛。我向他们转达了盛世才的问候，慰问了他们的一路辛劳，又了解了他们的生活安排。寒暄过后，赵丹和徐韬咬了咬耳朵，就对我说：沈先生，请到这边屋里坐，我们还有点事想和您谈。于是我跟着赵丹、徐韬进了正房西头徐韬的屋，德沚和亚男则由女士们陪着去看赵丹和叶露茜的儿子并参观各家的房间去了。

我们在屋里坐定之后，徐韬说：我们一路上听到不少关于新疆的传闻，当然我们不相信，但心里总觉得不踏实。所以大家推举我和赵丹请沈先生为我们介绍一下新疆的真实情形，使我们心中有数。我看他们可以深谈，就说：这里的确很复杂，给你们的第一封电报是我起草的，就是想劝阻你们不要来新疆，可是你们回电说不怕吃苦。赵丹叫道：啊呀，我们还以为是客气话哩。我说：假如你们先给我或张仲实来封信，我们就能比较明显地暗示你们不要来新疆，可是你们直接给盛世才拍来了电报，这就不好办了。赵丹问：盛世才这人究竟怎样？我说：很难说，表面上很进步，譬如这里不能讲国民党的好话。赵、徐同声道：我们本来就不满意国民党。我接着说：他标榜亲苏，实际上却不喜欢他的部下和苏联领事馆接触。他对所有内地来的人都存戒心，布置了暗探。这是从延安来这里工作多年的人告诉我的。赵丹、徐韬恍然大悟道：原来这样，真想不到。我说：告诉你们的人，要处处小心，盛这人非常多疑，他手下有一帮专进谗言的小人，你们一言一行都要谨慎。现在你们既然来了，就先安下心来工作，新疆没有话剧，要靠你们来开创了。在这里工作一段时间，再找机会回内地去。这样也对得起新疆的老百姓。至于今后怎样开展工作，等我去了解了盛世才的打算，再来告诉你们。最后我叮嘱他们：我讲的这番话千万不能传出去，也不要在院子里随便讲，因为派到招待所来的勤务，很可能负有监视你们的任务。临走时，我也去看了看赵丹的儿子。赵丹的小屋布置得很艺术，却也保留了艺术家的凌乱。我看见墙上挂着一把吉他，原来刚才自弹自唱的是赵丹。

回家的路上，德沚感叹道：真真作孽，都是些"千金小姐"，千里迢迢到新疆来吃这个苦，四个人当中还有一个是大肚皮。原来陈瑛已有身孕了。

《新疆风雨（下）》

史沫特莱辞行

大约十月下旬，史沫特莱来向我辞行，告诉我她决定离开香港回美国去。史沫特莱是在我抵达香港不久，就从内地来到香港的，她很顺利地找到了我。我们已有五年不见，她剪了短发，明显地消瘦了。她告诉我，一九三六年她离开上海去了陕北，"七七"事变后，从延安随朱总司令来到山西八路军总部，作为随军记者多次到前线采访。后因日军扫荡频繁，前线指挥员为了她的安全，劝她回总部，她拗不过只好回来。旋又离开华北来到华中，经武汉到了江南新四军军部。后来又渡江至新四军五师采访。在那里终因胃病复发，身体日益羸弱，不得不辞别战友，转道重庆来香港治病。当时她谈了不少在延安和在八路军、新四军的经历和见闻。她住在山上的一位朋友家里，很少下山，因此半年来我们见面的机会不多。现在她决定回美国家乡去疗养，也想把几年来在八路军和新四军的所见所闻写成文章，让全世界知道八路军和新四军在极艰苦的条件下创造出了怎样辉煌的业绩！她还打算为朱总司令写一部传记。"您为什么不在香港写呢？"我问她。"不，香港就要发生战争了，"她回答，"这次日美谈判不会有结果，也许是个烟幕弹。日美战端一开，日本就会进攻香港，而香港顶多守两个月。你也应该离开香港，可以到新加坡去。新加坡是英国在远东的堡垒，他们会死守的。"我说："我不能离开香港，我在这里有工作。"

史沫特莱走后，我把她对于香港安危的看法告诉了朋友们，大家都将信将疑，几位国际问题专家却认为她太武断了，怎能断定日本人进攻香港事在不久呢？后来事实证明，史沫特莱的估计是正确的，只是对于新加坡之可以久守，却是看错了。

《战斗的一九四一年》

与戈宝权撤退香港

正月初八下午，以群从街上回来，悄悄告诉我们，明天可以过九龙去了。行李不能多带，以自己力能负荷为度，挑夫之类大概是找不到的。还得换装，打扮成小商人模样。他也和我们同行。于是我们买了两套黑布的短衫裤（香港人称之为"唐装"），又把行装简之又简，结果只剩两个小包袱和一只小藤筐，换言之，就是一床俄国毛毯，几件换替的内衣，一个热水瓶和若干零星小用品，其中有一本作伪装用的《新旧约全书》。我们把多余的五大件行李寄存到大中华大旅社那位朋友那里。

第二天上午，戈宝权来接我们，把我们带到东环贫民住宅区的一栋房子内。在那里我们换上了"唐装"。下午五时许，我们夹在难民当中，沿着皇后大道向铜锣湾出发，在暮色苍茫中来到埠头，登上了一艘类似"无锡花舫"的大船。前舱已坐满了人，一眼扫去，许多是熟面孔。我们被招呼在中舱的大间内休息，那里几位，全是最熟的朋友，内中就有韬奋。韬奋换了一身浅色法兰绒唐装，摘掉了眼镜。他看见德沚也同来了，不胜惊异，连声说："沈太太，你真勇敢！"接着他就想起自己的夫人和孩子们，低声说："粹缜他们还是随后再走罢，孩子恐怕吃不消；我都听从朋友们的意见，对于这种事，我一无经验。"他又高兴地指着他那大裤管问我道："看得出么？——一枝自来水笔，一只手表，在这边；那边是钞票，都是粹缜缝的。"他天真地笑了。在中舱里还见到了胡绳和于伶，大家所谈都是自己战时的经历。

我们在船上吃了晚饭。连贯走进中舱来，告诉我们：今夜就在船上休息，明天一早过海到九龙，那边自有人招呼，以后进内地，沿路都有布置，可保平安。连贯当时是组织我们这些文化人从香港脱险的实际负责人，廖承志因为目标太大，已于前几天离开香港回内地了。我们走的路线是九龙—东江—老隆线，是第一批从这条路线撤退的人。后来有千把文化人，在香港地下工作者的安排下和东江游击队的保护下，陆续沿这条路线逃离香港，平安到达了内地。这是抗战以来共产党组织的最伟大的一次抢救工作。

《战斗的一九四一年》

栖身桂林

我和德沚也投奔到桂林。这里起码是一个比较安全的落脚点，在这里我可以对太平洋战争以来国内政治形势的变化作一番估量，也可以观察重庆方面在我写了《腐蚀》等小说和杂文之后对我的态度，以便审时度势，决定我今后的行动方向。

我们在旅馆里暂时住下。从茶房鄙夷的目光可以想见我们落魄的模样：两个人都穿一件又肮脏又肥大的蓝布棉袄（这还是东江游击队发的），我一手提个包袱一手拎只暖瓶，德沚也提个包袱，另一只手拎只小藤篮。我的包袱里是一条俄国毛毯，德沚的包袱里是几件换替衣服，藤篮里则放些梳洗等日常用品，包括我的那本《新旧约全书》——这就是我们的全部家当。我们的钱袋，经过三个月的难民生活，也快掏空了。德沚认为当务之急是租一间房，自己起伙，以便节约开支。我支持她的想法，但提醒她，一切要因陋就简，只要有个安静点的写作环境就可以了，因为我们不见得会在桂林长住。所以，当桂林的朋友们田汉、欧阳予倩、王鲁彦、孟超、宋云彬、艾芜、司马文森，以及先我从香港脱险的夏衍、金仲华等闻讯来看望我，并问我今后有何打算时，我总是回答：打算好好休整一下。

然而，桂林的房子十分紧张，德沚奔波了一个星期仍无结果。朋友中间（尤其"老桂林"）也有住得宽敞的，但我不想作寄居客。最后，还是邵荃麟把他的一间厨房让了出来，我们才算有了个栖身之处。我原来不认识邵荃麟，是叶以群介绍我们认识的，以群并告诉我，邵荃麟是共产党在桂林文化战线的负责人。以群在桂林没有停留多久就去重庆了。

邵荃麟住在西门外丽君路南一巷一座新盖的二层楼房内，楼房分前后两栋，前楼为上房，上下有八大间，后楼为下房，只有四小间，两楼中间是个天井。这楼是文化供应社的宿舍，楼内除了邵荃麟，还住着宋云彬、金仲华以及一个姓王的出版商。宋云彬一家和出版商及其外室占了前楼楼上的四大间，楼下四间为库房，堆满了纸张和书籍；金仲华兄妹和邵荃麟夫妇在后楼的楼上各住一间，楼下两间便是他们的厨房。现在邵荃麟把他的厨房让给了我，自己就与金仲华合用一间厨房。厨房很小，大约八九平米，只能放一张双人床和一张桌子。德沚买了点简单的竹制家具，我们便将就着住下了。

《桂林春秋》

在桂林与柳亚子"论史"

　　我之所以忽然热中于"论史",是受了柳亚子、陈此生的影响。来到桂林,社会活动减少了,但朋友间的交往却增多了,而过从最密的是亚子和此生。亚子那时住在一间仓库似的大厅里,中间用布幔隔开,自然比我那"灶披间"宽敞得多。亚子曾来参观我的住所,大叫转不开身,以后就总是我去他那里作客。我们在一起无话不谈,中心议题则是"论史"。"论史"之外,我们也游览桂林的名胜,亚子更"组织"过一次漓江夜游。大约在九月间,亚子以国民党监察委员的身份,从广西省政府弄来一条游船,约集我们十多个人(记得其中有陈此生、田汉、熊佛西、杨东莼),带了家眷,乘船于月夜顺漓江而下,一路上饮酒、吟诗、观景、赏月,天明抵达阳朔,登岸游览,下午乘木炭汽车回桂林。

　　在"论史"或邀游之时,亚子常乘酒意(我是不会喝酒的)即兴赋诗,我也被迫着凑上几句,这样，我的从来不敢献丑的旧体诗，也就在那时传了开去。旧体诗有一优点，最能寄寓作者的真我感情。我在桂林写的那些诗，就反映了我当时的郁闷心情和对北土的思念。其中一首七律如下："偶遣吟兴到三秋，未许闲情赋远游。罗带水枯仍系恨，剑铓山老岂剗愁。搏天鹰隼困藩溷，拜月狐狸戴冕旒。落落人间啼笑寂，侧身北望思悠悠。"

《桂林春秋》

重庆祝寿

六月六日，重庆《新华日报》登出一则消息："本年六月是名作家茅盾先生的五十初度，文艺界由郭沫若、叶圣陶、老舍发起，正积极筹备庆祝他的五十诞辰和创作生活二十五年纪念。"六月二十日筹备会发布了通启，通知于六月二十四日下午二时在白象街西南实业大厦举行庆祝茶会。通启说："今年沈雁冰先生五十岁了……二十七八年以来，他倡导新文艺，始终没有懈怠过，而且越来越精健；对于他的劳绩，我们永远忘不了。他有所为，有所不为；他经历了好些艰难困苦，只因中有所主，常能适然自得；对于他的操守，我们永远忘不了。"通启的这些话，言简意赅，既是鼓励，也是鞭策。

为了回答朋友们对我的厚爱，我写了一篇回顾和总结二十五年创作生活的文章，题目就叫《回顾》，发表在六月二十四日的《新华日报》上。

六月二十四日，我和德沚早早吃过午饭就从唐家沱赶往城里,然而搭车不顺,待赶到会场已近三点。客人早已到齐,五六百位新老朋友把大厅挤得满满的,楼上楼下、厅内厅外,到处都是人。重庆文艺界的朋友几乎全到了,其中就有刚从新疆监狱中死里逃生出来的赵丹、徐韬、王为一、朱今明。王若飞代表共产党出席了茶会,邵力子则以个人的身份来向我祝贺。各界知名人士到会的还有沈钧儒、柳亚子、马寅初、章伯钧、邓初民、刘清扬、胡子婴等,张道藩也来了,另外,到会的还有苏联大使馆一等秘书费德林、美国新闻处的窦爱士以及外国新闻记者等十几位盟邦友人。

会场布置得很朴素,正面沿墙是一排长桌,此为首席,对着首席是若干行竖向的条桌,此为来宾席。桌上放着香烟、茶水、寿桃、水果等食品。首席后面的墙上张挂着贺幛。冯玉祥赠的卷轴上绘有一只寿桃,并有题诗,诗曰:"黑桃、白桃和红桃,各桃皆可作寿桃,文化战士当大衍,祝君寿过期颐高。"老舍赠的贺联是:"鸡鸣茅屋听风雨;戈盾文章起斗争。"中华全国文协,中苏文化协会,黄炎培、杨卫玉、俞颂华等都有贺词或贺信。赵清阁赠了一张她画的松鹤,阳翰笙、于立群等十五人联合签名送了一份贺词。这一切至今仍完好地保存着。

我和德沚在热烈的掌声中被请到首席的正中落座。我的左边是主席沈钧儒,德沚的右边是柳亚子。德沚很不自在,叫道:今天又不是给我做寿,想躲到旁边去,却被女客们强按在座位上,她们说:今天沈先生是寿翁,孔大姐就是寿婆了。幸而邵力子姗姗来迟,首席上已无虚席,德沚便趁机起身把位子让给了邵力子。

　　主席沈衡老首先致词，接着柳亚子、邵力子、王若飞、费德林、窦爱士、马寅初、张道藩、刘清扬、白薇、邓初民、常任侠（他刚从昆明来）、冯雪峰（代表文艺界）、傅彬然（代表出版界）等纷纷起来讲话。这些讲话都是对我的鼓励，对我在文艺战线上二十五年劳作的褒奖。白薇更以妇女的身份，向德沚鞠躬致意，赞扬她是得力的"内务部长"。张道藩讲话中有一段插曲倒很有趣，他说：昨天我九岁半的女儿问我："茅盾是不是充满了矛盾？"我说："不，茅盾一点儿也不矛盾。"

　　在人们讲话之后，于立群朗诵了中华全国文协的祝词，全文如下："严肃的态度，细密的文字，无尽的篇帙，不屈的操守，您的这些工作特点与处世精神，使您成为我们的燋塔①，我们的表率，我们的模范。敬祝您的健康与努力。"白杨、赵蕴如、臧云远以及育才学校的女生朗诵了贺电和贺诗；赵丹和金山、张瑞芳则朗诵了《子夜》中吴荪甫和赵伯韬在酒吧间谈判的一节，他们绘声绘影的对白，赢得了满堂的掌声。我这才发现，原来我的小说还能上口朗读。

《走在民主运动的行列中》

---

①　燋塔：燋，意为火连绵不灭。《淮南子·览冥训》云："火燋焱而不灭。"燋塔，有灯塔意。

游杭州

　　我即将访苏的消息已不胫而走,许多记者来采访,要我发表感想。我笑道:我能不能走得成,连自己都没有把握,怎么能随便发表感想呢? 老实说,看到当时国内形势的日益恶化,我的确只抱了百分之五十能走成的希望。到了九月底,南京方面仍无动静。沈钧儒说,他帮我催催看。他给邵力子写了一封信。果然"后门"起了作用,十月十五日前后,邵力子寄来了一封快信,要我速去南京办理护照。

　　正好那时凤子从京沪路局为我们弄到了一个免费旅游杭州的机会,第二天就要走。我决定还是先去杭州散散心,然后再去南京办交涉。同去杭州游玩的,除了凤子、德沚和我,还有赵清阁、阳翰笙、洪深、陈白尘和葛一虹,共八人。我已很久没去杭州了。中学的最后一年半是在杭州度过的,以后虽有时在杭嘉湖一带走动,却始终未到杭州。如今一别三十多年,人情风貌虽变,湖光山色依旧。我们一行到达杭州已是中午，先到孤山、西泠印社品茶，又到湖滨租了一条小船游湖。洪深从楼外楼买来许多酒菜，我们就在船上饮酒赏景。舟抵净寺，我们登岸逛庙，洪深忽然想起要求个签，大家问他卜什么？答曰：卜何时全国能解放。我对他说：这个问题不必卜神，"知津还是问津人"。解放后，赵清阁写了一首《西湖忆旧》的诗，就是记的这次同游杭州的事。诗曰："黄昏品茗西泠前，文友酒酣夜泛船。洪老求签卜解放，茅公知津笑书癫。"

《抗战胜利后的奔波》

第五辑：延安的欢迎会

1940 年夏，茅盾在延安鲁艺讲课

记"鲁迅艺术文学院"（一）

　　一九四〇年之五月，我从新疆迪化四川内地，经过西安的时候，就打算到延安去参观，刚好有便车，五月廿四、五，到了延安，六月初，借寓于"鲁艺"所在地的桥儿沟的东山，一住四个月，双十节始离延安南下至重庆。这四个月，我可说是和"鲁艺"生活在一起的；我在我的寓居——窑洞里，可以听得山下"鲁艺"上课下课的钟声，可以听得音乐系的学生们练习合唱，我走出窑洞，在门外的空场上停立，就可以看见山下"鲁艺"校舍的全景，看见一律灰布制服的男女学生在校舍各处往来；我向对面看，则西山那一排新开始的整整齐齐的窑洞以及那蜿蜒曲折而下、数百步的石级，实在美丽而雄壮；那是"鲁艺"附属的美术工场所在。我还可以俯瞩东山与西山之间那"山谷"中的一片绿野，这里布满着各种农作物——青菜、茄子、玉蜀黍、南瓜、洋薯、番茄——而番茄尤为桥儿沟的特产，

1940年夏，茅盾与孔德沚在延安桥儿沟

是从前一个西班牙的神甫从西方带了种子来的。这许多繁茂的农作物之中，有一部就是"鲁艺"师生以及其他工作人员"生产"的果实。你如果读过夏蕾女士（她是在"鲁艺"教书的某著名漫画家的夫人）的《生产插曲》，你就知道生产运动在"鲁艺"简直是一首美妙的牧歌呵！

从我所住的窑洞出去，沿着半山腰的路，绕过另一山头，便到了延安颇有名的"鲁艺教员东山住宅区"。这也一律是窑洞，这里是文艺家之家，但正因为住的人是文艺家，所以每一个窑洞的布置装饰各各不同，充分表现出那主人的独特的个性来。每一个艺术家运用他巧妙的匠心，从最简陋的物质条件中亲手将他们的住所（窑洞）布置得或清雅，或明艳，或雄壮而奇特。每当夕阳在山，红霞照眼，这遥遥相对的东西两山（教员住宅区与美术工场区），便有一簇一簇的人儿，在他们门前的广场上（请记得，这是在山顶，而且扩展成为大可作球戏的广度，而且横跨了两三个山头的），逍遥散步，谈天游戏。

艺术家的夫人们，用她们自制的小坐车推着孩子们慢慢地走，或者是抱着挽着她们的孩子们聚在一堆谈天。她们也是一律的灰布制服，但是她们的"小天使们"却一个个打扮得新奇艳丽——用了她们在"外边"所穿的衣服为原料，用了她们巧妙的勤劳的十指。你也可以看见那边一小堆人谈论得很热烈，从前线回来不久的小说家荒煤，在滔滔不绝有声有色讲述前方的文艺工作、民众运动；巨人型的木刻家马达，叼着他那手制的巨大烟斗，站在旁边听，照例是只把那浓眉的耸动来代替说话。

朗爽的清脆的甜蜜的各样笑声，被阵阵的和风，带到下边的山谷里，背驮着斜晖的牛羊从对面山坡上徐徐而下，而"鲁艺"的驴马群也许正在谷中绿草地上打滚嬉戏地追逐。

"鲁艺"生活的一部分的氛围，就是这样的！

《记"鲁迅艺术文学院"》

记"鲁迅艺术文学院"（二）

"鲁艺"的校舍是延安唯一的道地的西式建筑。大约是一九二五年罢，西班牙的神甫在桥儿沟经营了这巍峨的建筑。全体是石头和砖的，峨特式的门窗，可容五六百人的大礼拜堂（现在是大礼堂），它那高耸入云的一对尖塔，远远就可以望到，那塔尖的十字架也依然无恙，"鲁艺"美术系的一个学生——富有天才的青年木刻家古元，曾经取这从前的"大礼拜堂"及其塔尖为题材，作了一幅美妙的木刻，题名曰《圣经时代已经过去了》；正像这幅木刻所示，现在这所巍峨的建筑四周的大树荫下，你可以时时看见有些男女把一只简陋的木凳子侧卧过来，靠着树干，作成一种所谓"延安作风"的躺椅，手一卷书，逍遥自得地在那里阅读。大礼堂内，昨天是讲演会，有学问有经验有斗争历史的"老干部"讲国内外政治经济的形势，或者是从前线回来的老战士作一个华北抗日根据地文化动态的报告，或者是"长征的英雄"演述长征的故事，青草地、猓猓国、雪山、大渡河。但今天则是怡心悦目的晚会了，"鲁艺"的"实验剧团"演出了果戈里的、莫里哀的、莎士比亚的不朽名作。或者是曹禺的《雷雨》和《日出》，或者是"鲁艺"戏剧系教师王震之①（也是不久以前刚从前方回来的）根据了华北前方的实际生活新编的四幕剧《佃户》，或是又是姚时晓的现实主义的独幕剧《棋局未终》和《闲话江南》了。那时候，你会惊异，哪里来的这么婀娜潇洒的都市风的摩登姑娘？在桥儿沟，从没见过这样的人呀！然而这是"实验剧团"的演员，"鲁艺"戏剧系的助教或学生；昨天也许她还身上是灰布制服，脚上是草鞋，在"生产队"中抡起了锄头；她是从大都市来的，从前曾经穿厌了绮罗，住惯了洋房，曾在北平或上海的有名的大学里念书，或竟已经毕业了，但现在她是灰布制服、草鞋、爬山、吃小米饭的"鲁艺"学生！"鲁艺"的"平剧团"，也许在晚会中也有一个节目，演出了《八大锤》或《打渔杀家》；那时你会吃惊地认出来：这里有好多位"男女同志"也是演话剧的好手，而且你还记得不多几天以前他们还和你讨论国际政治经济的形势，抗战的现阶段的一些问题，文艺上的现实主义，"民族形式"，贝多芬、谭鑫培、汪笑侬，也许还有人指着"平剧团"中一个鼓手、一个老头儿，告诉你：这位俨然正容打鼓的老头儿从前是江西的一个商人，家景很不差，酷爱平剧，但是"发狂似的"舍施了家财，万里长征，参加了"平剧

---

① 王震之（1915—1958）：河北定县人。现代剧作家。

团"，担任了鼓手的任务。

"鲁艺"的音乐系也来一个节目，他们人数不多，不能演奏作曲家冼星海所作的《黄河大合唱》（那在延安通常是二三百人的合唱，最多为五六百，至少也有一百多人），但他们的新曲多着，可以是北方民间小调，也可以是西欧古典作家名作的一段，也可以是蒙古和青海的民歌，而且提琴独奏和口琴独奏也是素擅胜场。

你也许抽空窥看一下演员们的化妆室罢？那就在舞台后面一个小房，你看见正在烫头发。你记得那位"长征"过来的"理发师同志"并不会这一套。仔细一认，才知道那临时技师原来也是学生。她以前自然是端坐着让人家给她烫发的，做梦也不会想到自己拿起钳子为人家烫，但现在既需要这么一手，她也就干，也就会了！而那边一排房子据说是"实验团"的道具服装室，你进去一看，多么整齐，管理员指着那形形式式的服装告诉你：这些，大部分是教员和学生自己带来的衣服，延安是穷的，"鲁艺"也是穷的，哪里有钱设备剧团的服装！

《记"鲁迅艺术文学院"》

记"鲁迅艺术文学院"（三）

在"鲁艺"，有不少在"外边"成名的导演和演员，但更多的是崭然新露头角的新人，他们的技术曾使那多见多闻的中国制片厂的头等艺人大为惊讶。当拍摄《塞上风云》外景的一行人，由蒙边回渝，经过延安的时候，适逢演出曹禺的《日出》，他们看了以后赞叹道："想不到你们在这里演出这样的大戏，而且演得这样好！"

在"鲁艺"，聚集着全国各省的青年；他们的身世也多式多样，有在国内最贵族式的大学将毕业的，也有家景平平，曾在社会混过事的，更有些是"南洋伯"的佳儿女，偷偷从家庭里跑出来的，有海关邮局的职员，有中小学教员，有经过战斗的"平津流亡学生"。他们齐集在"鲁艺"，为了一个信念：娴习文艺这武器的理论与实践，为民族之自由解放而服务！

"鲁艺"的学生有四五百，但教师和工作人员也有二三百。你觉得奇怪么？其实说明了一点也不怪。"鲁艺"并不采取"填鸭式"的教学法，它是由学生自动研究，各自发挥其所长为主体，而以教师的讲解指导为辅佐的，所以除了正规教师而外，又有不少介于教师与学生之间的指导员，各系都有。指导员们自己学习，同时又帮助学生学习，他们都是优秀的文艺青年，也有的已经是新作家。除了文艺部门的教师和指导员，又有社会科学、哲学部门的教师和教导员，他们除了学识丰富，还有长期的斗争经验和多种多样的生活经验。

"鲁艺"现在有四系，文学、戏剧、音乐、美术。修业期限为两年。在此时间要娴习基本的技术知识，并须立下高深理论研究的基础。你觉得两年的时间太短促么？但民族社会的需要太迫切了，不能不赶快。所以每周上课时间虽有廿多小时，而"实践"的时间还要多。戏剧系和音乐系"实践"的场所是经常在开各种晚会，美术系献身手的地方是没有空间的限制的，而且他们还有"美术工场"。至于文学系，则有他们自己的壁报以及延安出版的各种刊物。

学习性质的小组会，其重要性不下于课室教授。在小组会中，指导员的作用，就可以看出来，一个文艺方面造诣颇高而又对于社会科学有研究的指导员，常能使他所参加的那一组学生进步特别快。

"鲁艺"还只有三年的历史——以前名为鲁迅艺术师范——但改为两年制还只有两年工夫。不过时间虽短，贡献却已不少。在华北敌后各抗日根据地，以及游击部队中，到处可见"鲁艺"

毕业生的踪迹。"鲁艺"图书馆中藏有"鲁艺同学"从前方寄回的各种成绩。就中美术系学生的木刻（宣传性质的新式漫画，故事性的连环木刻等），最为出色。大抵"鲁艺"学生在前方最活跃的，是戏剧系、音乐系和美术系，文学系只好排在末位，这一半因为文学系要借文学来表现，在文盲众多的农村中，文学作品不免形同奢侈品了，又一半则因善能运用文学而具有深入浅出之妙者，亦尚难找。然这是就各系比较而言，非谓文学系学生遂无佼佼者，事实上他们写了不少很好的关于前方的报告文学。

《记"鲁迅艺术文学院"》

记"鲁迅艺术文学院"（四）

一九三九年尾，"鲁艺"派出去一班毕业生到华北前线，这是一个混合性的文化纵队，有戏剧工作者、歌咏工作者、美术及文学工作者。他们随同两支被派往华北去的武装队伍出发，冲过敌人的三道封锁线，急行军时一夜走百五十里，有时无水可喝，连马溺也喝过；四〇年六月他们到达目的地后第一次写出来给母校同学的长信，揭示在"鲁艺"的报告处了，从这信里，我们知道他们一路所遇的艰险，但从这信中又看出他们的精神多么奋发而愉快。他们全体一百多人在冲过封锁线时只有二人掉队，存亡未卜，但这二位都是男生，女生没有一个掉队。

在这封信到了以后约一月，"鲁艺"的又一"实习计划"成熟了。这次所派也是混成队，但分成数小队，目的地是"边区"。这新的计划是根据了在前方工作若干时回来的教师们的报告而拟订的。过去的工作方式，有若干是被修改了；新计划的主要点是要被派出的人员先真正地充实各自的生活——多了解各地的社会情形，多了解民众，而不以走马看花式的写报告文学为急务。依这方针被派出的人员到了目的地后，不像从前那样以文艺写作者的特殊姿态出现，而以一个普通工作者的身份参加到当地的各种工作里去。一年半载以后，然后再谈写作。不过在此期间，他们和"鲁艺"各系还是要保持经常的联络，他们要就实地工作中提出有关文艺运动的意见，而"鲁艺"各系，要经常给他们以指示。这新计划下所编的数小队，每队有一队长，则是指导员或教师担任的。这几队虽然是在"边区"工作，但生活之刻苦不下于前方，因为"边区"民众对于一些稍有"拿身份"倾向的工作人员就不满意，更不用说摆官架子了，而知识分子生活习惯之未能全然群众化，即"鲁艺"学生亦时或不免。

北方的夏季晚上总是凉快的。月圆之夜，天空无半点云彩，仰视长空，万里深蓝，明星点点。这时候，"鲁艺"大礼堂后边第一个院子里，正展开一幅诗意的画面，两列峨特式的石头建筑，巍然隔院而对峙，这是学生的宿舍。作为近厢的另一列房子，则是会客室和办公室，三面游廊，很整齐的石级。月明之下，树影婆娑，三人五人一小堆一小堆的青年，席地而坐，有靠着一株树的，也有在游廊的石级上的，有人在低语谈心，有人在月光下看书，但也有人琮琮地弹着曼陀林，有人在低声地和唱，如微风穿幽篁，悠然而又洒然，但渐渐和唱者多了，从宿舍里也传出了歌曲的旋律，于是突然，男中音、女高音，一齐迸发，曼陀林以外又加进了小提琴和箫管，错落回旋，而终于大家不谋而合地唱起

"风在吼，马在啸，黄河在咆哮"来。这时候，也许和风又送来了黑头的悲凉苍老的唱歌词，那是相距不远的"平剧团"的"同志"们也在户外休息了。歌声像风发云涌，愈来愈高愈壮烈，到了顶点，忽然一下停止，大家都又不约而同朗声纵笑起来，然而笑声过后，从树影下又轻轻传出带点哀婉味儿的民歌的旋律，三个女同志坐成品字形，脸对着苍穹，深有所思地低声唱着。四周静得像人了云似的。民歌唱到第二叠，声音低细到不可得闻了。稍顷，曼陀林声复作，于是错综的笑语也在四处陆续起来。有人扬声念道："发思古之幽情，扬大汉之天声。"但语音未终，早为一阵元神旺盛的笑声所淹没。

这些穿灰布制服吃小米饭的青年男女，就是这样的情感淋漓、大气磅礴的！

《记"鲁迅艺术文学院"》

"左联"（一）："左联"的问题

"左联"活动我也不完全清楚，只知道其中的一些情况。

我是一九三〇年四月从日本回上海的。到上海没几天，冯乃超①来找我，我并不认识他，只知名字。冯问我知道不知道成立"左联"，我说知道的。他就拿出"左联"的一份纲领（字不多）问我看过吗。我说知道大概情况，是上海一个朋友告诉我的。他问我有什么意见，我说好得很，很好。他说你愿意加入"左联"吗？我说：照纲领的要求，我还没有资格参加。冯说：纲领是奋斗目标，不是每个加入的都具备这条件，你不必客气。这样我就参加"左联"了。

过了几天，我去鲁迅那里，和鲁迅说起我参加"左联"这事，鲁迅说不晓得。不过鲁迅说，这事我也同意的。

---

① 冯乃超（1901—1983）：广东省南海县人。作家，文艺理论批评家。后期创造社主要成员之一。

　　我与冯乃超谈话，知道"左联"当时有一个执行机构，大概叫书记处，里面当然也有鲁迅，活动的办法是，大的事情向鲁迅请教，书记处有一个执行书记，管日常行政事务，是由几个人轮流担任的。因为那时这些人一方面要卖文维持生活，另一方面还要自己做点研究工作，所以几个人轮流，其中有冯雪峰①、阳翰笙②、冯乃超等，鲁迅不在其中，他是从方针政策方面做领导工作。

　　从同冯乃超谈话中我了解到，因为白色恐怖，"左联"很少开会。我问他参加"左联"的有多少人，他说：成立时签过名的四十多人（我记得在当时一个刊物上发表过），有的人不在上海了，还有的人我们根本没看到过。我加入"左联"一个多月后，在上海的成员开过一次会。上海的银行家和资本家经常聚会的俱乐部，是在某某大厦的三楼，"左联"这次开会就借这个地方（听说是洪深③托人借的）。当时是坐电梯到三楼的一个房间里，据说是这个俱乐部的侍者（茶房）休息的地方。那次开会，鲁迅参加了，但主持会议的不是鲁迅，是那一个月的执行书记。他先讲了几句开场白，还讲了最近活动情况，并说这个地方是借来的，时间不能太长，最多一个小时。接着就请鲁迅讲话，这个讲话不知是否收入全集，好像没有。鲁迅没有稿子，大约讲了半小时，讲

---

① 　冯雪峰（1903—1976）：浙江省义乌县人。诗人，文艺理论家。
② 　阳翰笙（1902—1993）：四川省高县人。剧作家，社会活动家。
③ 　洪深（1894—1955）：江苏省常州人。剧作家。

话的内容，大意是关于国民党御用文人和国民党报纸对"左联"的攻击等。鲁迅讲这都没有什么大了不起的，主要是"左联"每个成员都要"改造思想"（原话虽不是这样说的，意思是这样）。有一句话，我是记得很清楚的，鲁迅说："我们有些人恐怕现在从左边上来，将来要从右边下去的。"这话很尖锐，给我印象很深。后来果然如此，如成立时参加的杨邨人后来就成了叛徒。鲁迅讲完后就散会了，两三人分批走的。

除了这个会，还有些小会，两三人参加，都不是在个人家中开，而是在公共场所，如在咖啡店。此外为了配合各种纪念活动，常常是大家分头活动，如纪念五一节，纪念文章登不出来，是在马路上贴贴标语。

"左联"其他活动是办一个刊物，最初名为《前哨》，只出了一期。这一期内容全部是关于"五作家"①被害的事。这是秘密出版的，经费是由"左联"成员中经济情况好一些的量力捐助。《前哨》出了一期改名《文学导报》，这个刊物完全是鲁迅领导的，文章也都是经过鲁迅看过的，定稿是鲁迅决定的。

一九三一年上半年，"五烈士"被捕后，"左联"活动减少了，后来就改变一种活动方式，一些青年成员，想法找一些学生或工人同他们交朋友，目的不是介绍他们进"左联"，而是向他们作

---

① "五作家"：与下文中"五烈士"同。指一九三一年二月七日同时遭国民党当局秘密杀害的五位共产党员作家：殷夫、柔石、胡也频、冯铿和李伟森，均为"左联"成员。

政治宣传，后来连这也不能进行了。

这时周扬①还没有进"左联"，冯雪峰是书记处的成员，这一年下半年或是第二年上半年冯雪峰找过我，对我说，你也来担任一期执行书记。我说：我不熟悉情况，恐怕不行。他说：可以试试看。因此我也担任过一个月的执行书记。"左联"成员做宣传工作的，要定期向执行书记汇报，可能一个月内开一两次小会。

自五作家被捕后，"左联"可以说没有什么发展。一九三二年后，白色恐怖更加厉害，发展工作就完全停顿了。

大家住的地方彼此都保密的，当然熟人之间不保密，对不熟的人就保密。鲁迅和我住的地方，我们彼此不保密，我们书信一般由书店转，鲁迅由内山书店，我由开明书店。我原来住景云里，后来鲁迅搬新建的大陆新村，他告诉我，大陆新村还有空房子，我后来也搬去了。他住在大陆新村第一弄，我住在大陆新村第三弄。

周扬从日本回来以后，加入"左翼戏剧界联盟"，后来冯雪峰把他拉进"左联"。但是不久他们之间闹了矛盾，冯雪峰就离开了"左联"（这事情大概发生在一九三三年，也许我记错了）。周扬他们主持"左联"工作以后，由于白色恐怖，既不开全体成员会，凡事也不再向鲁迅请示。从此以后，所谓鲁迅领导"左联"，不过是名义而已。

《我和鲁迅的接触》

---

① 周扬（1908—1989）：文艺理论批评家。"左联"领导成员之一。

"左联"（二）：关于"左联"解散

大约一九三六年正月头上或一九三五年底，那时上海已经有了统一战线的组织，拿抗日救国作旗帜，组织了"文化界抗日救国协会"，包括律师、记者、杂志编辑、学术工作者，主要人物有沈钧儒、邹韬奋，另外还有个别的工商界人士如章乃器[①]等等（抗日战争以后叫"救国会"），但是，没有文艺界的抗日统一战线的组织。

一九三五年底或一九三六年初，郑振铎找我说，夏衍要找我谈一下。我与夏衍来往很少，与周扬、田汉、阳翰笙都不大往来。我问郑振铎，夏衍找我有什么事？郑说，夏衍没说。郑振铎是暨南大学教授，是商务印书馆董事并编译所长高梦旦的女婿，国民党特务不会注意他的，在他家里谈话是保

[①] 章乃器（1897—1977）：浙江省青田县人。企业家，经济学家。爱国人士。

险的，所以我就约夏衍在郑家里谈话。谈话重点：夏衍讲中央号召要组织抗日统一战线，文化界已有了，文艺界目前还没有，准备组织一个范围大的文艺界抗日统一战线组织。夏衍说，他们已经与好多方面联系过，"礼拜六派"①也答应加入。这个组织的宗旨是，不管他文艺观点如何，只要主张抗日救国都可以参加，打算叫做"文艺家抗日协会"，或"文艺家协会"，名称没定。夏衍说，这事要征求鲁迅意见，但鲁迅不肯见他们，所以只好找我把这意思转告鲁迅。他问我对新组织有什么意见。我说：我与鲁迅谈过再说。他说：第二个问题是"左联"要解散。如果不解散"左联"，人家以为这新组织就是变相的"左联"，有些人就害怕，不敢来参加了，那么统战范围就小了。夏衍还讲了一些其他的事，大概是已经有多少人参加之类。我说，我可以把这两个问题转告鲁迅。夏衍又问几天以后听回音，我说三天后仍在郑振铎家会面。夏衍走后，我问郑：他们找过你没有，他们连"礼拜六派"都找了。郑说：也和我谈了，我不是"左联"成员，我无所谓。郑对要拉"礼拜六派"不放心，以为如果这样办，那么乱七八糟的人都可以进来了。

　　我忘了是当天还是第二天，我就去告诉鲁迅。鲁迅说：组织

---

① "礼拜六派"：出现于民国初年的文学流派，因以《礼拜六》周刊为主要阵地而得名，代表作家有周瘦鹃、王钝根等。该流派作品多为以才子佳人情节为主的市民小说，重继承而多保守，因此屡遭新文化阵营的批判。

抗日统一战线容纳"礼拜六派"进来也不妨，如果他们进来以后不抗日救国，可以把他们开除出去。说到解散"左联"，鲁迅不赞成。他说，统一战线要有个核心，不然要被人家统了去，要被人家利用的。鲁迅说："左联"应该在这个新组织中起核心作用，至于夏衍说不解散"左联"，则有些人要害怕这个新组织，不敢加入，如果这些人这样胆小，那么抗日也是假的。我说：我赞成你的意见。下次我和夏衍见面，就把你的意见告诉他。三天后，我和夏衍会面，我把鲁迅的意见讲了。夏衍说：我们这些人都在新组织里头，就是核心。我说：我是赞成鲁迅意见的，现在我可以把你这话转告鲁迅。这次，鲁迅只说一句话："对他们这般人，我早已不信任了。"我就托郑把这句话转告夏。夏衍等因为鲁迅不赞成解散"左联"，也就把解散"左联"和成立新组织的事拖下来了。后来，他们在一个期刊（他们办的）上登了一个消息，大意说"左联"已经完成历史任务，没有存在的必要，从此解散。是什么期刊，我记不得了。

　　一直到后来我才知道，他们说的中央批准解散"左联"是上海临时中央。临时中央是哪些人，我搞不清楚，"长征"以后，他们与中央的联系就中断了。

《我和鲁迅的接触》

"左联"（三）：关于两个口号的论争

　　一九三六年春天，周扬、夏衍等已提出"国防文学"、"国防音乐"等口号，我和鲁迅也是谈过的。鲁迅说"国防文学"这个口号，我们可以用，国民党也可以用。至于周扬他们的口号内容实质到底是什么东西，我还要看看他们的口号下面卖的是什么货色。不久《赛金花》就出来了。鲁迅说，原来是这个货色，哈哈大笑。

　　那时夏衍常找我和郑振铎，我问过他，你们提"国防文学"的口号根据是什么。他说，根据中央的精神，在《救国时报》上有党驻第三国际代表（就是王明）写的文章，其中提到"国防文学"，又说看到"INPREGO"（中文应译为《国际时事通讯》，是第三国际出的期刊，用英、德、法、西班牙等文字出版），英文版也有这口号，即"Literature of National Defence"（中文即"国防文学"）。夏衍这样引证，表示"国防文学"这个口号不是他们杜撰的。

　　一九三六年四月冯雪峰从陕北到上海。一天我到鲁迅那里去谈别的事，临走时鲁迅谈到口号的问题，认为"国防文学"这个口号太笼统，意义含混不清；又说他们拟了一个新的口号："民族革命战争的大众文学"。鲁迅说这个新口号和冯雪峰他们都谈过，问我意见如何。我说很好，没意见，并劝鲁迅自己写一篇文章，正式提出这个口号来，这样才有力量。因为周扬他们说"国防文学"这个口号是根据中央指示提出的，所以我主张鲁迅出面写文章，提出新口号。鲁迅说也可以，但近来身体不大好，慢慢儿来吧。

　　大约两个星期后，胡风①在他们的小刊物上，写了一篇文章，把这个新口号提出来，丝毫不提这口号是鲁迅提的。郑振铎告诉我，我大为惊异，就去找鲁迅。鲁迅说：他昨天才知道。我说：你没有写，为什么胡风写呢？鲁迅说：上次我和你说过之后，胡风自告奋勇，要写这篇文章。但胡风写了后，也不给鲁迅看，就发表了。我说：胡风不应该这样做的，第一，写出文章没有给你看，第二，文章中没有提鲁迅的名字，使读者以为这个新口号就是胡风提的。胡风这个人相当复杂，这篇文章解释新口号也不全面。我仍劝鲁迅写文章，谈这个新口号，纠正胡风的缺点。但后来鲁迅还是没有写，因为那时鲁迅身体已经不太好，经常发低烧。他只用口述、冯雪峰笔录的方式写答托派的信，以及《论现在我们的文学运动》的短论。

---

① 胡风（1902—1985）：湖北省蕲春县人。诗人，文艺理论批评家。

　　徐懋庸①给鲁迅的信，也是在这时来的，鲁迅写了《答徐懋庸并关于抗日统一战线问题》的信。两个口号的问题在此信中有了详尽的阐述。

《我和鲁迅的接触》

①　徐懋庸（1911—1977）：浙江省上虞县人。作家，翻译家。曾加入"左联"。

景云里（一）：隐居写小说

　　我隐藏在我家（景云里十一号甲）的三楼上，足不出门，整整十个月。当然，我的"隐藏"也不是绝对的，对于住在同一条弄堂里的叶圣陶、周建人我就没有保密（那时叶圣陶住在我的隔壁，周建人又住在叶圣陶的隔壁）。十月份鲁迅从广州经香港来到上海，也搬到景云里，我也没有对他保密。在这一段时间里，我与叶圣陶过往甚密。我写的一些东西，包括最初的创作，就是经叶圣陶之手在《小说月报》和《文学周报》上发表的。叶圣陶那时正代编《小说月报》，原主编郑振铎到英国去了，因为郑的丈人高梦旦怕蒋介石的爪牙把郑振铎作为亲共人物而有所留难。

　　我隐居下来后，马上面临一个实际问题，如何维持生活？找职业是不可能的，只好重新拿起笔来，卖文为生。过去大半年的波涛起伏的生活正在我脑中发酵，于是我就以此为题材在德沚的病榻旁（德沚从医院回来还有低烧）写我的第一部小说《幻灭》。后来我在《从牯岭到东京》中写过这样一段话：“我是真实地去生活，经验了动乱中国的最复杂的人生的一幕，终于感得了幻灭的悲哀、人生的矛盾，在消沉的心情下，孤寂的生活中，而尚受生活执着的支配，想要以我的生命力的余烬从别方面在这迷乱灰色的人生内发一星微光，于是我就开始创作了。”这一段话，真实地反映了我当时的心情。

但景云里不是一个写作的好环境。时值暑季，里内住户，晚饭后便在门外乘凉，男女老小，笑声哭声，闹成一片。与景云里我的家只有一墙之隔的大兴坊的住户，晚饭后也在户外打牌，忽而大笑，忽而争吵，而不知何故，突然将牌在桌上用力一拍之声，真有使人心惊肉跳之势。这些嘈杂的声音，要到夜深才完全停止。这对于我，也还不妨，我是白天写作的。而对于习惯在夜间写作的鲁迅，却是个大问题了。

《创作生涯的开始》

景云里（二）：与鲁迅做邻居

　　十月八日，鲁迅搬到景云里来了，住在二十三号，他家前门正对着我家的后门。过了两天，周建人陪鲁迅来看我。这是我第二次见到鲁迅，第一次见面是一年前他去厦门大学路过上海的时候，郑振铎在"消闲别墅"请鲁迅吃饭，我是陪客之一①，当时只寒暄了几句。这一次见面，我们谈得就多些。我向他表示歉意，因为通缉令在身，虽知他已来上海，而且同住在景云里，却未能去拜会。鲁迅笑道，所以我和三弟到府上来，免得走漏风声。我谈到了我在武汉的经历以及大革命的失败，鲁迅则谈了半年来在广州的见闻，大家感慨颇多。他说革命看来

---

① 《鲁迅日记》一九二六年八月三十日载："下午得郑振铎束招饮，与三弟至中洋茶楼饮茗，晚至消闲别墅夜饭，座中有刘大白、夏丏尊、陈望道、沈雁冰、郑振铎、胡愈之、朱自清、叶圣陶……"

1946 年，茅盾与郭沫若、洪深、叶圣陶在上海

是处于低潮了，并且对于当时流行的革命仍在不断高涨的论调表示不理解。他说他要在上海定居下来，不打算再教书了。他已看到了登在《小说月报》上的《幻灭》前半部，就问我今后作何打算。我说正考虑写第二篇小说，是正面反映大革命的。至于今后怎么办，也许要长期蛰居地下，靠卖文维持生活了。

《创作生涯的开始》

景云里（三）：陈独秀来访

　　我写完《追求》以后，有一天陈望道来看我。闲谈中，他发现我久困斗室，身体、精神都不好，就说，天气这么热，闷居小楼，是要弄出病来的，既然你对外放空气说已去日本，何妨真的到日本去一下，换换环境，呼吸点新鲜空气？我也觉得他说得有道理，而且当时中国人到日本，日本人来中国，都不用护照。但我怕不懂日语，有困难。陈说："吴庶五已在东京半年，她可以招呼你。"吴庶五是陈望道的女友，在上海时我见过，是认识的。我于是决定到日本。陈望道又说，他可以替我办理买船票、预先兑换日元等事。于是德沚就忙着打点我的行装。

　　六月底，就在我去日本之前，一天夜间，陈独秀突然来到我家里。我们有一年多未见面了。约在半年前，陈之联络人郑超麟曾去看过我，知道我现在蛰居家中，卖文为生，所以陈独秀知道我的住址。此次陈独秀来，是德沚闻叩门声而去开门，一见是他，便请他进来。我请他坐下，德沚端上茶，正想探问他此来何事，他却自己说：我近来在研究现存于各省方言中之中国古音，为作一部《文字学注释》准备材料。从前顾亭林作《诗本音》，碰到协音不通处，先向师、友请教，还是得不到合理的答案，那就问樵夫、打渔的、牧童等，要他们念土话，甚至为了一个字的古音，而问到东西南北十多个省的人们。顾亭林谓古音没有完全丧失，或存于甲地，或存于乙地。我现在想继顾亭林之后，作这方面的研究。例如常州人土音 tiá（意为"何事"）即唐人之"底"，唐人诗中常见"底事"。广东话中亦有古音。现在我正收罗上海话之古音，特来向你探讨。我说我对家乡话乌镇话，也许还没忘记，上海话就不行，德沚的上海话也许比我好一点。于是陈写出几个字，要德沚用上海白来读，他则作音标。二十分钟后，他将纸笔收起，说还要找真正的上海人来研究。我说，真正上海土话是浦东话，与十里洋场的上海话又自不同，现在的上海话，杂有宁波、苏州口语甚多。他表示同意。我又问他对时局有何看法。他说他现在不问政治，所以治声韵学。我又问：你看蒋政权能维持多久？他沉吟后说：从前北洋军阀直、皖、奉三系，火并八年，互相削弱，然后国民革命军能北伐成功。现在蒋内部派系及收编之地方军，恐不止三个系统，他们自相火并而削弱，也算它八年，那时共产党方可卷土重来，现在的到处暴动不能成大事。我问：外国侵略如何？他说蒋介石嫡系中有亲日亲英美之分，两相抵销，外国侵略暂不能有。他又说：论国内大势，或国际大势，都须根据详细情报，我现在块处斗室，消息隔绝，蒋家报纸一味自拉自唱，我刚才所说，只是以前的情况，现在又已不同，不足为据。这时已十一时，他要走，德沚说，里内各家都在门外乘凉，你从我家出去，惹人注意，不如在我家过夜。他笑笑说，"不妨，"站起身走到客厅的后间，忽又站住说，"小心点也好，"指着室内的小榻道，"我就在此过夜罢。"这小榻本是女佣睡的，我从牯岭回家就把女佣辞退，所以空着。于是德沚拿了一床毛巾被来。第二天清早，他就走了，我还没有起身。此后他没有再来。但寄来一信，谓已找到浦东人谈上海古音云云。后来这部《文字学注释》，陈独秀是在国民党的监牢中继续写，抗战时他在四川省江津县完成。当时本得商务印书馆同意出版，但在一九四二年四月，陈独秀病死于江津，他的亲属将《文字学注释》于一九四六年交给商务印书馆的经理王云五，竟没有出版。

《创作生涯的开始》

初到延安

　　五月二十六日午后，我们经过劳山，二时许抵达延安南郊的七里铺。我们这辆车比总司令的车迟到了二十分钟，我们到达时，总司令的车以及到七里铺来欢迎的人群已进城去了，公路旁还停着两辆小轿车，周围站着五六个人。我爬下卡车，只见德沚正向一位穿灰军装、戴眼镜的高个子奔去，一面兴奋地喊："闻天，闻天！"我也看清楚了，原来是张闻天，七八年不见，还是老样子。我们紧紧握手，互相问候。这时，一位身材瘦小的同志走上前来，用上海口音问道：沈先生还记得我吗？我仔细端详，只觉得面熟，却记不起名字，就说，好像见过面。他哈哈笑道：我就是虹口分店的廖陈云。他一说，我也就认出来了。一九二五年商务印书馆大罢工时，我们常见面，那时他很年轻；后来他被派往苏联学习，就再未见过面，算起来已有十四年了。他们请我和仲实、德沚换乘小汽车进城。到了南门外，又有各机关学校的代表在路旁欢迎，其中有不少在上海就认识的熟面孔。在人群中我和德沚也见到了琴秋。

我们被送到南门外的交际处休息，接着又被请去参加欢迎宴会。这是近百人的大宴会，菜肴虽无山珍海味，却也鲜美可口；更为突出的是宴会的气氛不同一般，大家无拘无束，笑语满堂。就在这里，我尝到了延安的名菜"三不粘"——一种用鸡蛋做的甜菜。

傍晚，我们参加了延安各界在南门外操场上举行的欢迎会。这次欢迎会是临时决定举行的，因为各机关学校的群众听说朱总司令回延安来了，都自动整队来到了南门外。我第一次见到这样热烈而又质朴的场面：台上挂着两盏汽灯，把简陋的黄土垒成的主席台照得通明，台下是黑压压的人群，秩序井然地坐在自带的小马扎上，他们互相拉着号子，此起彼伏地"比赛"唱歌，有我熟悉的《大刀进行曲》和《游击队之歌》，也有我第一次听到的《八路军进行曲》。来参加大会的中央负责同志都坐在台下第一排的小马扎上，我们也坐在那里。欢迎会主要是请朱总司令讲话，他的讲话不断被热烈的掌声和口号声打断。朱总司令离别延安已经两年，此次归来，又值胜利粉碎了国民党在山西挑起的摩擦之后，自然群情分外激昂。

第二天晚上，延安各界又在中央大礼堂开欢迎晚会，毛泽东同志也来了。当他穿过观众席之间的通道来到前排时，被群众发现了，大家向他鼓掌，他举手向群众致意，然后和我们一一握手问好，又和我们一起坐在第一排的长凳上。礼堂约能容纳六七百

人，座位是固定在木桩上的长条木板；舞台却大，那天鲁艺演出
了《黄河大合唱》，舞台上站了二百多人。冼星海的《黄河大合
唱》使我大开眼界，使我感动，使我这个音乐的门外汉老觉得有
什么东西在心里抓，痒痒的又舒服又难受。它那伟大的气魄自然
而然使人鄙吝全消，发生崇高的情感，就像灵魂洗过一次澡似的。
我到延安时，冼星海刚刚离开，没有见到他，但我从《黄河大合
唱》这一组歌中认识了这位天才的音乐家。

《延安行》

重庆见故友

　　第三天，我和德沚就搬到了市中心生活书店门市部楼上临时腾出来的一小间房内。我们刚把简单的行李安顿好，邹韬奋和徐伯昕来了。我们已阔别三年，自然可谈的话题甚多。韬奋关心杜重远，详细了解了杜重远"案件"发生的经过。他也问了张仲实在延安的工作和生活。他告诉我，生活书店的处境是愈来愈困难了，抗战初期在全国各地开设的五十余个分支店，现在只剩下重庆的总店和贵阳、桂林、香港三个分店，其余的都在这两年内横遭国民党查封了，不少工作人员无辜被捕，有的生死不明。国民党还派了几个会计专家来查书店的账目，企图找出生活书店领共产党津贴的证据，结果自然一无所获。蒋介石还想以高官厚禄来"争取"韬奋，吞没生活书店。先由戴笠亲自出面劝韬奋参加国民党，被拒绝了。后又建议将生活书店与国民党办的正中书局、独立出版社"联合"或"合并"，请韬奋主持，又遭韬奋拒绝。最后说，为了生活书店的业务发展，又免受政府"误会"，政府愿意出资金资助书店，但要向书店派出两名常驻人员，经常对书店的业务提供建议，不过对外可以不公开。这个政府"监督"的办法，韬奋也严词拒绝了。国民党威胁道：你不接受这些方案，生活书店的后果将是全部消灭。韬奋的回答是：宁为玉碎，不为瓦全！韬奋对我说：现在重庆的文化出版工作面临的困难和压迫，超过了三十年代的上海，在上海还有个租界可以回旋，而这里是戴笠的天下。现在的图书审查制度也比上海那时厉害了，现在的审查老爷从白纸上也能嗅出"异党"的气味来。那时候言抗日就是"共匪"，而现在反过来了，动不动就说你破坏"抗建"，是"奸党"言论。不过生活书店还是要奋斗下去，我们已经作了一些应付紧急事变的准备，你现在来到重庆，正可以助我们一臂之力。我诧异地问：我能帮什么忙？徐伯昕接口道：我们想把《文艺阵地》从上海搬到重庆来出版，请你继续担任主编。我心想，果然如恩来所说，就答道：楼适夷一直在编，编得蛮好，何必又要我来插手。徐伯昕说：你不了解情况，《文艺阵地》在上海是不能公开发行的，后来国民党借口它未经图书杂志审查会审查，在内地也不让发行了。这事已拖了半年多了。我们打算在重庆取得一张审查证，把刊物迁来；这里文化人集中，也需要一个大型文学刊物。原来想让楼适夷到重庆来，现在你来到了重庆，《文艺阵地》上你这位主编的头衔又从来没有取消过，由你来接手办，不是顺理成章的吗？"既然如此，"我说，"我就继续挂上这个头衔吧。不过我现在还有其他工作，恐怕不能像在香港那样'全力以赴'了，能不能把适夷从上海召来，仍旧当我的帮手，担负实际的编辑工作？"韬奋和伯昕都同意，说这事就由他们去办。

从这天晚上起，首先得到我已来到重庆的消息的朋友们——郭沫若、田汉等，络绎爬上我住的小阁楼来看望我。大家七嘴八舌，主要是想听听我谈论延安的生活和那里的熟人的情况。田汉还邀我参加十二月二日在天官府街文化工作委员会内召开的一个座谈会，他说，借此可以与重庆的新老朋友们见见面。

《在抗战逆流中》

图书在版编目（CIP）数据

　　在生活逆流中 / 茅盾著；舒童编 . —上海：上海三联书店，2020.9

　　（大家讲述）

　　ISBN 978-7-5426-7089-2

　　Ⅰ . ①在… Ⅱ . ①茅… ②舒… Ⅲ . ①茅盾（1896-1981）—回忆录 Ⅳ . ① K825.6

中国版本图书馆 CIP 数据核字（2020）第 111716 号

在生活逆流中

著　　者／茅　盾
编　　者／舒　童
责任编辑／程　力
特约编辑／蔡时真
装帧设计／鹏飞艺术　周　丹
监　　制／姚　军
出版发行／上海三联书店
　　　　　（200030）中国上海市漕溪北路 331 号 A 座 6 楼
印　　刷／三河市中晟雅豪印务有限公司
版　　次／2020 年 9 月第 1 版
印　　次／2020 年 9 月第 1 次印刷
开　　本／640×960　1/16
字　　数／84 千字
印　　张／14

ISBN 978-7-5426-7089-2/K · 589

定　价：39.80元